U0915972

江西文化
符号

江　西　文　化　符　号　丛　书

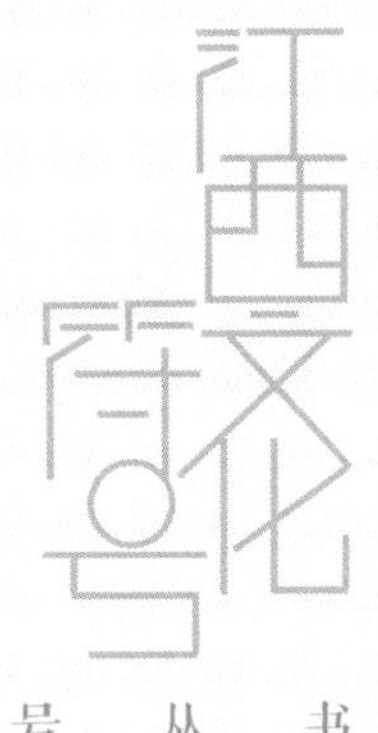

江　西　文　化　符　号　丛　书

饶信文化

RAOXIN
WENHUA

吴长庚 / 著

江西人民出版社
江西美术出版社

江西·南昌

出版前言

江西“物华天宝”“人杰地灵”“雄州雾列，俊采星驰”，是人文渊薮之地，文章节义之邦。

在历史的眷顾中，文明与智慧在这片古老而富饶的土地上激荡、交融、沉淀、升华，孕育了兼容并蓄、海纳百川、多元特质的江西文化，涌现出辉映史册的杰出人物，积淀了弥足珍贵的人文资源。在整个中华民族的文明史上，江西文化浓墨重彩、影响深远。宋明时期，全盛的江西文化更是成为中华民族文化的结晶和代表。新民主主义革命时期，江西是全国苏维埃运动的中心区域，成为中国革命胜利前进的伟大基地，红色文化璀璨辉煌。这些具有独特魅力的江西文化散发出馥郁的芬芳，蕴含着温润的力量，氤氲在历史的光阴中，汇聚在时代的大潮中，滋润着广袤的赣鄱大地，滋养着广大的江西儿女。

“文化是一个国家、一个民族的灵魂。”为了深入贯彻习近平新时代中国特色社会主义思想，特别是习近平总书记关于文化建设的重要论述，中共江西省委、省政府把文化强省作为重大战略，出台了《关于加快文化强省建设的实施意见》，明确提出到2025年，江西要建设成为在全国具有较大影响的文化强省。《江西文化符号丛书》的出版正是中共江西省委宣传部深入学习习近平新时代中国特色社会主义思想，贯彻落实党的二十大会议精神，推动文化强省建设的一项具体行动。

我们策划出版这套《江西文化符号丛书》的初衷，就是力图将江西符号与江西形象、文化自信和文化思考，一起熔冶进书中，通过底蕴深厚的文字与精美个性的画面，带领人们理解江西文化的内涵，感知江西文化的灵魂，借以给人们梳理出一个清晰的文化发展脉络，提供一个宽敞的文化游历空间，架构一座理解传统文化与先人智慧的桥梁，活化一种历史记忆和时代精神的生动传承。

《江西文化符号丛书》的出版是一项系统工程。丛书选取了相对立体的涵盖江西特色文化基本面的12种文化作为第一辑，已于2021年4月出版，即《红色文化》《山水文化》《陶瓷文化》《书院文化》《戏曲文化》《农耕文化》《商业文化》《中医药文化》8种特色文化，以及《临川文化》《庐陵文化》《豫章文化》《客家文化》4种地域文化。在此基础上我们又梳理出《青铜文化》《古村文化》

《科举文化》《理学文化》《佛禅文化》《道教文化》《书画文化》《赣菜文化》《茶文化》9 种特色文化，以及《饶信文化》《袁州文化》《浔阳文化》3 种地域文化，共 12 种，作为第二辑出版。这些都是在江西历史上经过时间检验，已经形成广泛影响，并在较大范围内获得公认的文化成就和文化现象，它们是一道光、一条路，引导人们向光而行，不断续写新的华章。

我们在编撰工作中紧紧围绕“正”“专”“新”“特”“精”“美”来精耕细作。“正”，是指传播正能量，把好政治导向关；“专”，是指既要雅俗共赏、通俗易懂，又要体现学术层面的专业性和权威性；“新”，是指所选内容，不但要注重文化源远流长的历史和发展特征，更要延伸这种文化的美好前景及其在当下生生不息的生命力；“特”，是指文化内容一定要选取最有特质、最有代表性的符号来讲述；“精”，是指选材精、表述精、制作精，以打造精品图书的标准来组织实施；“美”，是指图文并茂，精美雅致，让读者沉浸在美景美物的故事和文化意境中，怦然心动，产生共鸣。

丛书的出版得到了领导和有关方面的高度重视和关心支持。中共江西省委常委、省委宣传部部长庄兆林同志对丛书的编撰亲自部署、具体指导。时任中共江西省委常委、省委宣传部部长施小琳同志，江西省人大常委会党组副书记、副主任朱虹同志，中共江西省委宣传部老领导刘上洋、姚亚平同志对丛书的编撰出版给予了悉心的指导。在丛书配图方面，江西省各设区市委宣传部以及江西画报社提供了有力的支持。在书稿审读过程中，中共江西省委党史研究室、江西省社会科学院、江西省文学艺术界联合会、江西省民族宗教事务局、江西省博物馆等众多单位以及南昌大学、江西师范大学等众多高校的专家学者提供了学术上的指导。丛书各册的作者克服了诸多困难，在相对较短的时间内，精心构建框架，广泛搜集资料，创新表达方式，倾情进行写作，为丛书的顺利出版付出了艰苦的努力、巨大的心力。丛书还参考了一些研究成果和图片资料，使用了省内部分摄影家的作品。在此，我们谨向所有支持、帮助过该丛书出版的领导、专家、学者致以衷心的感谢！

限于时间相对匆促，在编撰出版过程中，难免存在缺憾和不足，敬请广大读者批评指正！

丛书编委会
2023 年 1 月

目 录

CONTENTS

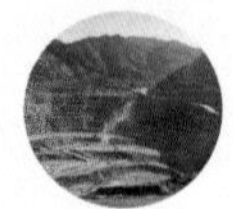

第三章

古建气韵

第四章

理学传承

第五章

诗文兴盛

第六章

世家流芳

导言

长江东流，赣江北流，而信江，滔滔西流。

信江东起怀玉山，辗转六百余里，流经上饶诸地，西入鄱阳湖。其下游为古之饶州，上游则为信州，两州分分合合，千年之后又将徽州婺源划入，构成今之上饶。饶信文化，是赣鄱文化、吴越文化和徽州文化交融衍化的产物。

广袤的鄱阳湖平原，地势平衍，港汊纵横，平芜草滩千里，池沼沃野丰饶，千百年来，这里就是“富甲江南”的鱼米之乡。《鄱阳志论》载：“饶之为郡，以彭蠡、鄱阳之渔，浮梁之陶，余干之沃，故曰饶也。”这是地称饶州的最好说明。

此区域自古是“牙闽控越、襟淮面浙”之要地，因而在唐代“安史之乱”的第四年，元载请“割衢州之常山，饶州之弋阳，建州之三乡，抚州之一乡置信州”，元载谓：“其地山川信美。”苏东坡有诗云：“揽胜遍五岳，绝景在三清”，故历代称之为“信美之州”。

饶信文化经过两千年文化积淀，具有鲜明的地方特色，表现在物产丰饶，名家辈出，人文积累丰厚，留下了丰富的历史文化遗产。

有宋一代名僧慧洪觉范作《信州天宁寺碑记》云："江南山水冠天下，而上饶又冠江南。自昔多为得道者所庐，鹅湖、博山、龟峰、怀玉号称形胜，而灵山尤秀绝。"此之谓山水信美也。上饶山水之美为江西前列，境内有世界自然遗产三处——三清山、弋阳龟峰、铅山北武夷山，以及世界稻作及陶作文化的起源地万年仙人洞；此外还有国家级景区婺源、鄱阳湖国家级湿地公园、万年神农宫等。其中，三清山景区旅游栈道的修筑具有开创性意义，它采用现代建筑技术，在万丈深渊的悬崖峭壁上，修筑了平坦宽松的游步道、观景点，仿佛天上景，人在画中游，这种栈道提升了旅游质量，给游人充分的安全感和舒适感，为全国高山旅游区开发提供了思路，做出了榜样。

三清山有玉台，王安石作《题玉光亭》诗，说自己"每向小亭风月夜，更疑山水有精神"。上饶山水的精神，与其说"更疑"，毋宁说"更信"。怀玉三清，有女娲补天的遗石，流传卞和献玉的故事。灵山有刘太真、李德裕求雨献身的传说。鹅湖山三峰挺秀，明铅山县令笪继良有言："山何择焉？可以禅亦可以儒。人何择焉？在禅即言禅，在儒即言儒矣。故鹅湖之山有禅篆，有儒篆，见大者两存而互恭之，犹以为未足也。"柯仲炯谓其山实含儒、释、道三大胜境。山水精神不仅是山水自身所显露的人文情怀，也是山水所积累的人文精神。三清宫的道教宫观建筑，多姿多彩的徽赣古建，都以自具特色的文化符号，向全世界展示了中国传统建筑的别样风貌。

秦始皇统一中国，立郡县，吴芮即为番邑（今鄱阳）首位县令。吴芮是上饶历史上最早见于记载的历史人物。他创建了鄱阳县城，在辖区各地实行轻徭薄赋，推广水稻良种，普及耕作技术，采取了一系列兴修水利和鼓励耕种的措施。他大力发展生产，鼓励商贸，发展经济，以雄厚的经济实力稳定地方。他实行土地私有制，按亩纳税，鼓励开垦荒地，派人教民生产技能，帮助他们安居乐业。他配合诸侯反秦，组成了最偏远地区的反秦部队，攻城略地，建立不朽功勋，受封衡山王。在楚汉相争中，旗帜鲜明地支持了刘汉，援汉军粮草，扼守南方，同诸王劝进，受汉封长沙王。他忠于朝廷，大义灭亲，维护了国家的统一。吴芮是饶信文化的开创者。班固评价他说到“惟吴芮之起，不失正道”，可见高度首肯之意。

江西是理学发展的中心地带，程朱理学和陆王心学的带头人都曾聚集在江西上饶。理学之集大成者朱熹，祖籍婺源，曾任官于鄱阳湖边的南康军，陆九渊讲学于信州之贵溪，朱、吕、二陆论辩于信州鹅湖寺，引发了朱陆学术异同之争，带来了饶信理学繁荣，其间理学名家辈出。在《宋元学案》中，以江西朱子后学领衔的六大学案，饶州就有德兴的介轩学派，朱子的第一代弟子有程端蒙、董铢、黄榦；有余干“三柴”，即柴中行、柴中立、柴中守；有以饶鲁为代表的“双峰学案”；有以婺源程珣、滕珙、李季札、汪清卿为核心的新安朱子学支脉。有以上饶陈文蔚、余大雅、余大猷，玉山赵蕃，铅山徐子融为代表的朱子第一代弟子。元代，婺源还有恪守朱学门户的胡炳文、许月卿、胡一桂、程复心，而信州“成为元代陆学主要的传播复兴之地”，以上饶陈苑和祝蕃、李存、吴谦、舒衍“江东四先生”为代表的静明学派以崇陆倡陆为己任，成为元代陆学的中坚。

明代江西出现了理学开山人物吴与弼。他学本程朱，兼采陆学，自成一体。他门人弟子众多，甚至有不少知名学者，如胡居仁、陈献章、娄谅、胡九韶、罗伦、谢复、杨杰等人，形成了在明代颇具影响的崇仁学派。这一时期，饶信区域内，出现余干胡居仁为代表的学术流派，胡居仁与上饶娄谅，永丰罗伦、张元祯、胡九韶等学者推崇程朱学术，在余干县和弋阳龟峰共创讲会，聚集门徒弟子，形成一个以程朱学术为号召的学术圈，史称“余干之学”。鄱阳余祐是胡居仁弟子，广丰夏尚朴也是胡居仁弟子，还有弋阳汪俊，鄱阳人史桂芳、陈嘉训、江和、闵冀明等一大批理学家。其学派一直沿袭至清代。

饶信地灵人杰，人文勃兴，历史上一大批文人墨客、仁人志士或籍出饶信，或与饶信有着深厚的渊源，如洪迈、姜夔、朱熹、辛弃疾、谢枋得、夏言、蒋士铨等等。朱熹是理学名家，也堪称古文大家；辛弃疾是著名的爱国词人，他一生以恢复中原为志，以功业自许，却命运多舛，壮志难酬。但他恢复中原的爱国信念始终没有动摇，他把满腔激情和对国家兴亡民族命运的关切、忧虑，全都寄寓于词作之中。稼轩词“极英雄之气”“极豪雄而意极愤”，在他奔放激越、瞬息万变的情感的涵摄下，构成沉雄开阔、壮丽动荡的艺术境界，在中国文学史上具有崇高的地位。蒋士铨以诗名、曲名在乾隆朝称名第一，而其词则是学稼轩风而独得其意者。

饶信文风独盛，有崇尚读书的风气，蒋士铨《鸣机夜课图》是上饶母亲课子读书的典型代表。而朱熹诗“少年易学老难成，一寸光阴不可轻”与唐广丰人王贞白诗“读书不觉已春深，一寸光阴一寸金”正可见上饶读书人勤奋上进的精神品格。千年科举，有进士2097名，其中有赵汝愚、汪应辰、洪遵、费宏等13位状元，榜眼6人，探花5人。婺源有“兄弟三进士，六部四尚书”之说，铅山有“百里三状元（刘煇、徐元杰、费宏），隔河两宰相（弋阳陈康伯、铅山费宏）”及“一门九进士（宋铅山赵士礽及其八子）”流传。世家宰辅，多至23人（家）。他们大都是政治家，在各个不同时代，为治国理政做出了杰出贡献。

饶信集山川地理之美，物资矿产之饶，“铜铅满穴山能富”（唐卢纶）。上饶的铜有德兴铜矿、铅山永平铜矿，唐宋时已开发。德兴人张潜创“胆水炼铜法”，宋代推之全国。永平的铜在南宋时年产量已达 38 万斤，是当时国家铸造铜钱的主要来源。环鄱阳湖千顷湖山、万亩良田是江西乃至全国的粮仓。婺源的龙尾石、玉山的罗纹石、灵山的水晶石，是端砚、罗纹砚、石壶、石雕、石摆件等工艺品的重要原料。饶信石艺造型俊美，制作精良，历来受到社会关注。《府志》谓“郡近闽多竹，故出产多而行远者莫如纸”。铅山的连四纸蜚声中外，质地洁白细腻，宜书宜画，是出版古籍上乘之选，至今仍是中华书局、上海古籍出版社签约供给之地。

“信州风物好，倦旅亦开颜”（清朱彝尊）。经过两千年的发展，上饶已进入高铁时代，沪昆线和京福线两条高铁在上饶交叉而过，形成沿海腹部中心快速交通枢纽，日均停靠列车接近 300 辆，这为上饶的经济腾飞插上了雄健的翅膀。乘着时代的东风，上饶正以突飞猛进的速度超越发展，历史文化名城、四省九市地域中心城市的目标正在加速达成，一座新型的现代化城市将在不久的将来，矗立在赣东北大地上。

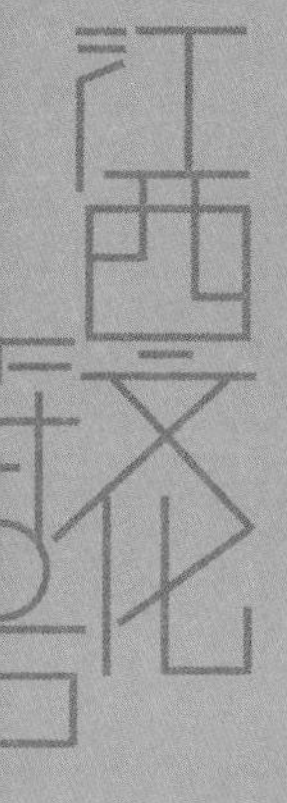

第一章 山川信美

SHANCHUAN
XINMEI

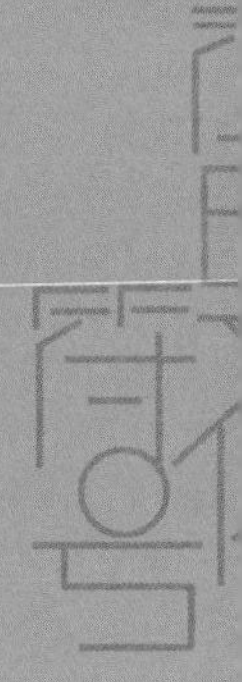

山川有形势，区划有离合。饶州、信州，分分合合，最终结为一体，是为上饶。境内有河，其名信江，东起怀玉，宛转六百余里，流经境内，西蓄鄱阳湖，经湖口，入长江，上可达湖湘巴蜀，下可至江浙沪皖。其境之东南，群峰耸立，武夷之最高峰，号称黄岗屋脊，矗立铅山之南。其脉则东指五府，透迤北下至怀玉、三清，结仙境于人寰。信江河在这里起源，源清水洁，前人或谓“信美之州”也。千年之后，又将徽州婺源划入，则上饶之境，实积淀了赣鄱文化、吴越文化和徽州文化之精华，吴头楚尾，江山胜迹，是自然遗产与文化遗产融合之地。

一、名城多胜迹

饶州古称富饶之州，信州史誉信美之郡，饶信山郁珍奇，水含清丽，文脉悠长，名人辈出，文化积淀深厚。信州“北枕灵山，南带冰溪，东挹琅琊，西瞻叠巇”，江水东西走向，山脉南北相连。境域从怀玉山到信江流域，再到鄱阳湖，中间是大片呈扇形的河谷冲积平原，地势北高南低，呈坡状逐渐向信江倾斜。在这片广袤的大地上，丘陵河谷平畈，遍布山水胜景，奇石峰林，祠庙书院，亭阁园林，处处有山水，处处有古迹。

饶信之信州，山水奇美，名胜遍布。信州四郊就有南岩、月岩、云洞、虎岩、青岩寺、黄岩寺、龙门寺、灵山、铅石山等名胜，名家题咏无数。信江南岸的琅琊山、南屏山，自东南如波涛起伏而来，到城下形成半环之势，面对府城，如画屏一展风采。文笔峰、万锦山、黄荆山（黄金山），沿江边铺陈出一派翠绿。亭台楼阁，隐现山林秀色中。明广信知府谈纲建信美亭时，曾作《信美亭记》言：“此地江山信美，郡所由名也。”明成化年间，黄门侍郎陈玉汝奉命出巡广信，知府谈纲与其宴饮于驿楼，谈古论今，眺望郡中山水，极言信之四美：“彼其灵镇嵯峨，从列七十二峰于天表；诸山环拱，若干若矛，若旗鼓车马屏帐之卫。从而白云红树掩映其间，又若画图之揭碧，落山信美也。灵溪、葛溪之水，会合为江。匝郡而流纡若带，环莹若冰皎，而山光树色涵照，风帆沙鸟之飞扬，若在镜中，景象千万。水信美也，城郭巍峨于山间水崖，楼阁参差于竹林花坞。后田登稼者肩相摩，南屏归市者踵相接，衣冠云拥，弦歌风动城郭，风俗皆信美也……自此而南为鹅湖，东为怀玉，西为象山，散而龙虎、葛仙、龟峰、南岩，诸岩皆招仙致贤，献异呈妍，而胜水灵泉在在有焉。山水之美如此，是以钟而为人，则汪文定、谢文节之道学，陈文正、施正宪之相业，张文忠、郑威愍、刘之道、辛稼轩之忠节，文章炳耀于前，而瑰奇硕大之士，绩绩焉出又未可量也，谓信为不美可乎。”其文从山、水、风俗写到人物，论信美之州，无一字虚言。“此地江山信美”，此言诚不虚也。

州治上饶（今信州区），雄峙于地势较高的信江北岸。府城南面沿江两岸，是古时信州城的精华地段，风光秀美，历代人文景观密布：北岸有府学（文庙）园林建筑群、考棚、南池、广信门、龙王庙、元帝庙、钟鼓楼、万寿宫、天后宫、

灵山

先农坛、白鸥园、五桂塔、奎文塔；与之隔河相对的南岸，有东岳庙、文峰塔、江公行祠、谢叠山祠、山川坛、祥符寺、景德寺、太霞宫、草衣寺、灵山阁、跨鹤台等等。景点最集中的水南道观山，山虽不大，却先后建有普堂书院、谷神道院、金仙院、鸡应寺、含辉阁、溪山堂、信江书院、一杯亭、魁星阁、问月亭、钟灵台、信美亭等，亭台堂阁，随山势高低错落。大片的古文化建筑和景观建筑相连成片，沿江排列，两岸风光隔江互衬，人文景观与水光山色交相辉映。每逢初春，北岸江堤姹紫嫣红，游人如织；樱花盛开，半江粉碧。仲秋时节，两岸黄菊盛开，蔓延数里，倒映信江，一江碧水半染金。江山如画，景象万千。

古往今来，信州的锦绣河山令无数文人墨客咏诗著文，流连忘返。官宦名流视其为隐居林泉的风水佳地，纷至沓来，建宅筑园，颐养天年。仅南宋一代，全城竟有官邸、名人别墅百余座，可谓“一城山水半城园”。汉末，府城东北的古天宁寺（遗址在今上饶茶厂）景色幽美，古木参天，名将周瑜携小乔曾在此小住数月。唐时，曾为两代唐帝讲经说法的高僧大义，在城南开创了千古讲学名区南岩。茶圣陆羽于城西北丘陵建宅掘泉种茶，遗有其手植茶园和开凿的乳泉（遗址在今上饶一中）。宋时，状元徐元杰、诗人曾几等诸多名宦都曾隐居陆羽茶山。宋代名相赵汝愚任职信州，曾在南屏山精华景地建南台。宋室南迁后，名人士大夫多筑室隐居于信州水南（古称溪南），吏部尚书韩元吉于此建南涧园，筑苍莨亭（遗址在今上饶卫校）；谏议大夫尹穑在溪南建太霞宫；弘文阁直学士晁谦之在城南建竹院；词杰辛弃疾在毗邻陆羽茶山，“澄湖如宝带”处修建规模宏大的稼轩山庄，庄内花木夹道，亭、阁、廊、楼，山、水、田、园，甚至灌溉设施，无不具备，使庄园建筑达到历史的极致，令见多识广的大文豪朱熹与洪迈都惊叹不已。明时，内阁首辅夏言在城西建宝泽楼，雕梁高耸，富丽堂皇；营造白鸥园，塑景十三处，花团锦簇，水光潋滟，与白鸥为友，怡情养老，是为继稼轩山庄之后又一大园林胜景。其外孙光禄署丞吴莱在白鸥园之北建集胜园（今庆丰公园），搜世间之奇巧，将珍奇花卉、怪石地梁集于一园，以山、洞、壑、池、桥、廊、石见奇，有“冰山雪洞”之奇景，闻名遐迩。明著名廉吏——吏部侍郎杨时乔在溪南建府邸，屋虽简朴，“百鸟朝凤”的大门石雕竟然刻出鸟羽之丝缕，其精美令世人赞叹，至今称“花大门”。灵溪五里淤村有明代郑氏一门三杰（广东左参政郑邦福与其弟高僧养庵、其子大学士郑以伟）的故居祠堂。唐宰相娄师德旧居及祠堂在沙溪杏畈，其后裔理学大家娄谅则在水南街娄家巷建有理学旧第和芸阁书院，均为信州人引以为荣、络绎不绝拜谒之地。

上述这些历史悠久、规模宏大、星罗棋布的名胜古迹，极大地丰富了信州源远流长的历史文化，成为历代文人墨客文学创作的不竭源泉，为历代的相关研究提供了丰富的实证，同时也承载了一方水土的文化传承，具有很高的历史和文化价值。但随着年代的久远、历史的更替、城市的扩张，在历经了无数次战乱与天灾后，许多美丽的自然景观和辉煌的人文建筑，都已荡然无存，遗址也渐被现代城市的水泥楼林所湮没：山渐平，水无痕，古建被拆，园林无迹，只空留一个地名，甚至无处可寻。今天，在城市建设的潮流中，很多人文景观得以恢复重建，人们在古籍的记载中，寻觅出历史的风采，让它们曾经留下的浓墨重彩与辉煌文化，依然如繁星闪烁在信州。

二、仙人洞与吊桶环

仙人洞与吊桶环遗址是世界稻作及陶作文化的（重要）起源地。遗址位于万年县大源乡大源盆地内，是距今 2 万多年的旧石器时代晚期到新石器时代早期古人类活动遗址。仙人洞主洞空旷幽深，长 60 米，宽 25 米，高 3 米，可容纳 1000 余人，左右各有支洞，深长莫测。吊桶环距离仙人洞直线距离约 800 米，像人字形大岩棚。调查发现，遗址所在盆地还有大量新石器时代遗址。

20 世纪 60 年代，江西考古学者在仙人洞发现了新石器时代早期的遗存。1993—1995 年，北京大学、江西省文物考古研究所和美国安德沃考古基金会联合组成中美农业考古队，开展了对万年仙人洞与吊桶环遗址的发掘。1999 年夏，又进行了第二次发掘。中美考古学者在这里首次发现了从旧石器时代向新石器时代过渡的人类活动清晰的地

吊桶环遗址

层堆积，其涵盖了由旧石器时代晚期向新石器时代过渡的完整地层序列，为研究人类如何由旧石器时代过渡到新石器时代，提供了一个完整的文化演进案例。

遗址地层内出土了距今 2 万年的世界上最早的原始陶器，还出土了距今 1.2 万—1.3 万年的新石器时代早期水稻遗存。水稻遗存属于野生稻向人工栽培稻过渡形态的水稻植硅石标本。由此可见，万年仙人洞与吊桶环遗址不但是世界重要的早期陶器起源地，也是世界稻作起源的最重要地区之一。这一系列重要发现，为有关稻作农业起源、陶器的发现、动物的驯化等重大学术课题的解决提供了重要的考古学证据。中国“杂交水稻之父”袁隆平院士称，“一万年前，人类成功驯化出了栽培稻，这是人类稻作文化乃至

人类农业文明形成与发展的一个重要发端”。因而，仙人洞与吊桶环遗址被专家誉为“具有世界意义的考古洞穴”。

仙人洞与吊桶环遗址先后被列入全国重点文物保护单位、世界十大考古新发现。

仙人洞不仅以它灿烂的古文化闻名遐迩，而且山色旖旎，风景瑰丽，是盘岭旅游区的重要景点之一。据载仙人洞数里皆石，玲珑窈窕、千姿百态；绝岭处峰峦秀拔、峻壁横披；遇雨则盈山皆壑、瀑布飞流；石山上多古柏高松，苍翠挺立；洞内深处有径尺小塘，塘水清澈，时有小鱼，捉之不见；洞外左侧有小河轻歌曼舞，婉转流淌，春夏水涨又白浪掀撼，类似水国。

仙人洞遗址

三、中国最美的乡村

婺源位于江西东北部，与皖、浙两省交界，因生态环境优美和文化底蕴深厚，被誉为“中国最美的乡村”。婺源全县共有一个5A级景区——江湾景区；12个4A级景区，如篁岭旅游度假区、李坑、汪口、思溪延村、大鄣山卧龙谷、灵岩洞、严田古樟、文公山、鸳鸯湖等。婺源境内林木葱郁、峰峦叠嶂、峡谷深秀、溪流潺潺，奇峰、怪石、驿道、古树、茶亭、廊桥及多个生态保护小区构成了婺源美丽的自然景观，还保存有大量的人文景观。这里民风淳朴，文风鼎盛，名胜古迹遍布全县。有保存完整的明清古建筑，有田园牧歌式的氛围和景色，有高山花海风景，又有小桥流水人家，自古有“书乡”的美称。

婺源篁岭旅游度假区是婺源旅游的浓缩，具有集古村落、古树群、梯田花海、民俗晒秋为一体的最美乡村景致。

篁岭晒秋

篁岭旅游不受季节影响，春观油菜花海，夏戏峡谷溯溪，秋赏古村晒秋，冬品民俗度假。在篁岭，与“晒秋”同样摄人心魂的是水墨梯田。篁岭梯田被网友评为“全球十大最美梯田”。阳春三月，篁岭油菜花海，如梯田上的粉墨油画，梨花赛雪、桃花嫣红、菜花飘香，交相辉映，美不胜收。

篁岭石门峡，是婺源篁岭旅游度假区又一精品景区，谷内飞瀑流泉、怪石嶙峋，峡谷幽深、峭壁如门，是一处纯原始的峡谷风光。除纳凉戏水外，石门峡还有各种闯关类的户外拓展项目。景区通过体验活动寓乐于游，把峡谷山光水色和户外体验完美融合。

江湾位于婺源东部，距县城 28 公里，始建于隋末唐初，最初有滕、叶、鲍、戴等姓人家在江湾河湾处聚居，始称“云

湾”。北宋神宗元丰二年（1079），萧江第八世祖江敌始迁此定居，子孙逐渐繁衍成巨族，后改称江湾。著名经学家江永就出生在这里。这里是国家 5A 级旅游区、国家级文化与生态旅游区、江西省爱国主义教育基地。

大鄣山卧龙谷是国家 4A 级景区，地处皖赣边界，是婺源的北部屏障，属黄山余脉。卧龙谷内群山环抱，山峰林立，主峰海拔 1629.8 米，巍峨雄伟，俯瞰平川，有如世

山村秋韵

外桃源。春季山花烂漫，夏季绿荫浓郁，秋季红枫尽染，冬季冰雕玉砌，四季不同，色彩各异。高山峡谷间，瀑布成群，飞龙泻玉；彩池连环、交相辉映，紫色的山、绿色的树、白色的瀑布、彩色的深潭构成一幅天然泼墨山水画。卧龙谷荟萃了九寨的水、雁荡的瀑、黄山的岩、西双版纳的树，是旅游休闲绝佳去处。

四、三清天下秀

三清山又名少华山，位于上饶市玉山县与德兴市交界处。因玉京、玉虚、玉华三峰宛如道教玉清、上清、太清三位尊神列坐山巅而得名。其中玉京峰最高，海拔 1819.9 米，是江西第五高峰和怀玉山脉的最高峰，也是信江的源头。三清山是道教名山，世界自然遗产地、世界地质公园。

世界遗产大会认为：三清山在一个相对较小的区域内展示了独特花岗岩石柱与山峰，丰富的花岗岩造型石与多种植被、远近变化的景观及震撼人心的气候奇观相结合，创造了世界上独一无二的景观美学效果，呈现了引人入胜的自然美。《中国国家地理》杂志推选其为“中国最美的五大峰林”之一；中美地质学家认为三清山是“西太平洋边缘最美丽的花岗岩”。

在面积 2800 公顷的中央景区内集中了 48 处山峰，有

三清山峰林奇观

89 处象形石和有记录的 384 处单独的地貌形态。

三清山的象形石栩栩如生，特别引人注目，世界上找不到与之非常相似的地貌形态。两处最突显的象形石——女神、巨蟒，被誉为“中国的自然奇观”。

三清山包含 5 种风景类型、100 多处景点。它展示着由神奇的花岗岩地貌形态构筑的非常特殊的景观。特别是，以峰林和象形石（自然雕刻的岩石）为代表的自然景观具有无与伦比的稀有性和美学价值。这些景观形态，因未受冰川作用的蹂躏而保存完好，不像其他花岗岩山。正是因为这点，三清山的景观是独一无二的。

三清山自然景观富含奇特的岩石造型，花岗岩的象形石景观体现了大自然的鬼斧神工。例如，“巨蟒出山”是一高耸达 128 米的石柱，而最窄处直径才 7 米，像一条巨大的蟒蛇昂首向天，逼真得不可思议。而“东方女神”更是大自然举世无双的杰作，堪称世界美妙绝伦的大师级作品。女神的体态和容姿体现了完美东方女性的特点。象形石展现了大自然的神奇力量，奇特的造型和自然的艺术品质赋予三清山极致的魅力和美学价值。

万笏朝天峰海拔标高 1350 米左右，相对高度约 200 米。由 7 瓣垂直朝天的峰柱组成。峰柱犹如百官手持的玉笏，

万笏朝天

东方女神

故名“万笏朝天”。此系花岗岩体被东西向和南北向两组垂向节理切割，并遭受风化剥蚀和冲刷而形成的，是峰墙向峰柱演化的一个典型实例。

三清山的峰丛令人惊叹。峰丛指较小山峰或锐峰的集群，峰与峰在基部相连。而上部则山峰林立，如巨戟刺天。标型例子为“天门峰丛”和“琼台峰丛”等。它们如雨后的春笋平行排列，嶙峋瘦峻，中间两峰豁然分开耸立，拔地凌云，形如大门。

其中最为壮观的是峰柱。单个的花岗岩岩柱，通常被深沟、峡谷所隔开。峰柱高 10—100 米不等，其中最壮观也最令人赞叹的就是“巨蟒出山”。峰柱呈厚板状棱柱状，有时为浑圆状（如“东方女神”“巨蟒出山”和“观音赏曲”），直径 7—10 米不等。标型为节理切割先形成南北向峰墙，再沿近东西向节理切割形成峰柱“蟒体”，在冲蚀和崩塌作用

雾海巨蟒

下，受弱风化剥蚀塑造成昂首天际的“蟒头”。

还有地貌形态指向上变细的浑圆状柱体，形态不同，高度一般小于5米，如“企鹅石”“双乳峰”和“犀牛石”。此外还有丰富的象形石。在峰峦、峰丛、峰墙和峰柱上，风化剥蚀和不均匀崩塌，将岩石雕塑成令人叹为观止的各种生动形象。有的具有可辨认的形象，通常是动物和人物，如“葫芦石”“神龟探海”“仙人现指”“仙姑晒鞋”“仙鹤峰”和“蜗牛戏松”等。有的有独特的形态，如“狐狸啃鸡”“葛洪炼丹”“狸猫待鼠”和“老庄论道”。

五、万年神农宫

神农宫位于万年县盘岭村。万年是世界稻作的起源地，而神农宫（稻源旅游度假区）就在万年大源盆地中，与中国20世纪百项考古重大发现之一、世界闻名的风景名胜区仙人洞、吊桶环遗址遥相呼应。整个景区群山环绕，景色秀丽，空气清新，气候宜人。

神农宫被誉为中国最美的地下河，是亚洲较为年轻的溶洞。全长10000余米，落差300余米，目前开放游程1600米，其中水路250米。神农宫具有典型的喀斯特地貌特征，洞中各类钟乳石品种繁多，琳琅满目，质地纯净，色泽如玉。景观十分丰富，洞内石瀑悬泻，石幕低垂、石柱擎天，石乳悬吊、石田阡陌纵横，人、神、兽、物等形象惟妙惟肖、栩栩如生。这里是一个神秘的地下世界，或伟岸壮烈，或风光旖旎，置身洞内如临仙境，踏出洞外，

万年神农宫

如梦初醒，惊叹犹自异域回故里。神农宫洞内还生活着大量的洞穴生物。它们形状各异，构成了丰富多彩的洞穴生物世界。

神农宫景观荟萃了大自然的形态美、动态美，具有雄、奇、秀、幽、奥等特点，是旅游探险、避暑观光的绝佳地点。

六、弋阳龟峰

弋阳龟峰风景名胜区位于弋阳县城南信江南岸圭峰镇，地处三清山、龙虎山和武夷山之间。因其“无山不龟，无石不龟”，且整座山体就像一只硕大无朋的昂首巨龟而得其名。龟峰是世界地质公园龙虎山—龟峰地质公园和世界自然遗产“中国丹霞”的组成部分，是国家级风景名胜区、国家 5A 级旅游区、国家森林公园、全国爱国主义教育基地。

龟峰发育于距今 1.35 亿年的白垩纪晚期，是雨水侵蚀型老年期丹霞峰林地貌的典型代表。地貌形态以峰林、陡崖、方山、石墙、石柱、石峰为特征，崖壁两侧雨水侵蚀型纵向线性沟槽发育，岩溶弱；微地貌景观及其景观组合以珍稀的丹霞造型石峰、石柱等为特色，保存有壮年期丹霞地貌的遗迹。

弋阳龟峰景区

龟峰共有36峰，集“奇、险、灵、巧”于一身，素有“江上龟峰天下稀”和“天然盆景”誉称。明代地理学家徐霞客游览龟峰后发出“盖龟峰峦嶂之奇，雁荡所无”的感叹。以发育丹霞洞穴群为特色，奇洞成群，共有大小28个岩洞。其中一些岩洞被建成佛寺，如始建于晋代的“中华第一佛洞”南岩石窟、“禅宗古寺”双岩、“飞来禹迹”龙门岩等。

龟峰地处信江中段弋江南岸，发育峰林、峰丛、龟峰山清湖石柱、孤峰、残石、残丘，石梁、石墙、穿洞、天生桥、宽阔谷地、准平化的湖泊等丹霞地貌景观。按空间分布和景观组合可分南部和北部两部分，两者发育的丹霞地貌各有特色。

龟峰最独特的地貌景观特点是“无山不龟，无石不龟”。奇石有三叠龟、情侣龟、迎宾龟、昂首龟、伸头龟、缩头龟、母子龟、探海龟、金甲龟、绿毛龟等。

第二章　物产丰饶

WUCHAN
FENGRAO

唐代诗人卢纶送信州刺史姚骥上任，曾作诗安慰："铜铅满穴山能富。"谓信州铜、铅等矿产都很丰富，靠这些山中资源就能富足。据府志、县志所载，上饶各地物产丰富，而流传悠久的为铅山永平的铜、铅，德兴的铜、锌、金、银，万年的贡米，婺源的绿茶、石雕、砚雕，铅山的河红茶、连四纸，鄱阳的漆器之类。

一、铜都永平和德兴

永平铜矿

永平铜矿位于江西省上饶市铅山县永平镇，地处武夷山脉北麓，是国家“六五”重点建设项目，于 1980 年开始大规模建设，1984 年 10 月建成投产，现为中国第二大露天铜矿，由江西铜业集团有限公司管辖。

永平铜矿有悠久的采矿历史，明万历《铅书》载：旧闻，晋太始间，高将军逐白鹿得保丰场铜坑，寻迹苗脉，循至积聚岩，及今铅山，即杨梅山……产铅及铜，置两场，而铁、银、青矾、朱皆采作之供云。据《宋会要辑稿》载：“铅山场，端拱二年（989）置，熙宁四年（1071）罢。”又据《建炎以来系年要录》载：“绍圣三年（1096），又置信州铅山场，岁额三十八万斤。”那时，铅山场“常募集十余万人，昼夜采凿”。在南宋绍兴、隆兴、乾道诸代，

永平铜矿

铅山场一直为我国主要铜产地之一，这些铜，主要用于货币铜钱铸造之用。至淳熙以后，因胆水不效，浸铜法逐渐为坑冶代替，至南宋末，铅山场逐渐衰落。

中华人民共和国成立后，地质部门在铜矿旧址及附近探明，这里的铜硫矿石量 18000 多万吨。1967 年，冶金部同意地方政府在不影响大矿建设的前提下，在永平建立日采矿 300 吨规模的小型露天矿。1973 年底，国家批准了建设永平铜矿的设计计划任务书。潘云从主持永平铜矿的总体设计，任设计队长兼项目总设计师。永平铜矿为大型铜硫露天矿，建设规模为日采选铜硫矿石 1 万吨。工程采用许多新工艺、新技术和新设备，为中国首座一次建成日产万吨规模的大型铜矿山，主要设计方案被实践证明是正确的。1985 年，全年共生产铜原矿 330 万吨，铜精矿 7.35 万吨，工业总产值 6300 多万元，成为江西铜业公司经济效益最好的矿山。

德兴铜矿

德兴市位于上饶市北部，赣、浙、皖三省交界处，取“山川之宝，惟德乃兴”之意而定名。德兴历史悠久，文化灿烂。东汉建安八年(203)置县，距今已有1800多年的治县历史。德兴生态良好，环境优美，资源密集，矿业发达，素有金山、银城、铜都之美誉。该地之铜在唐、宋年间已经开采，张潜发明了用湿法炼铜（见胆铜法），报请朝廷批准，在多矿实施。

中华人民共和国成立后，1956年开始普查勘探，发现有两个大型斑岩铜矿区，并伴生有钼、硫、金、银等元素。1958年5月成立德兴铜矿，先后有来自上海、贵州等多地近500名专业人才分配于此。1965年建成北山矿，地下开

德兴铜矿

采；1971 年建成南山矿，露天开采。德兴铜矿具有储量大、矿体埋藏深、矿石可选性好、综合利用组分多等特点，使江西的铜资源位居全国首位，已探明储量的铜占全国铜工业储量的三分之一，也是中国最大的铜工业基地。1979 年成立了江西铜业公司，现有德兴铜矿、永平铜矿、武山铜矿、东乡铜矿、城门山铜矿、银山铅锌铜矿。德兴铜矿现为江西铜业集团有限公司主干矿山。现有铜厂、富家坞等两个采场，大山选矿厂、泗洲选矿厂，以及精尾厂、动力厂等 29 个子单位，职工 16000 余人。6 个矿山探明铜储量合计有 1387 万吨。

德兴铜矿的发展离不开一位北宋炼铜家张潜。

张潜（1025—1105），字明叔，今江西省德兴市银城镇吴园人，北宋著名湿法炼铜家。著有《浸铜要略》。张潜是西汉张良后裔，唐宋时家族逐渐南移，至德兴新营定居后，三世同居，隐而不仕。张潜兄弟五人，其排行第二，为布衣，余皆登科致仕。张潜则以“竭力持家事亲，锐意教育子孙，克昌祖构”为己任，后以子孙荣获恩赐太子少保。

张潜天资聪颖，童时即能“诵书日千数百言”，且“无书不窥”“喜赋诗，工楷书，著有《诗集》十卷”，尤精天文、地理、人伦之学。博通方技，曾读《神农书》，见书载胆矾水可浸铁为铜，便予以实验。胆水浸铜，即利用硫酸铜溶液浸铁，使其产生化学反应，将铜析出。张潜根据前人留下的湿法炼铜书籍，结合自己长期的实践经验，探明德兴兴利场的 32 泉、138 沟盛产胆水，可浸铁取铜，并总结出一整套比较完整的胆水浸铜技术，于宋绍圣年间（1094—1098）写成湿法炼铜专著——《浸铜要略》，命其子张甲献给朝廷。因“用费少而收功博”，下其法于诸路，“岁收铜百万”，受到朝廷嘉奖。自此，信州铅山场、德兴兴利场、韶州（今广东韶关）岑水场、潭州（今湖南长沙）永兴场等矿场，均全面推行其湿法炼铜技术，获得很大效益，尤以上饶为最。北宋时，全国胆铜产量每年 100 万斤—170 万斤，占当时铜总产量近二成。南宋绍兴年间（1131—1162），全国胆铜产量占铜总产量的八成多，大大促进了宋代经济的发展。

元至正十二年（1352），张潜的后裔张理又献《浸铜要略》给朝廷。张理对此法达到“讲之精，虑之熟”的程度。当朝宰相因有益于经费，便复置兴利场，并奏“命理为场官，使之董其事”。明人危素著《浸铜要略序》誉张氏家族为炼铜世家。现《浸铜要略》原书佚，仅存危素《浸铜要略序》。

1971 年，《张潜行状碑》在德兴吴园村出土。碑刻于北宋大观元年（1107）三月，碑文共 3600 余字，通议大夫万如石撰文。此碑详尽记述了张潜的生平事迹和他对炼铜事业的杰出贡献，以及德兴矿冶史实、德兴张氏宗史和地方风土人情。碑文还称张潜“平素赈穷恤孤有善声”，出巨资兴修水利，“根治乐平德兴二邑间水患”。地方上盗墓风长时，张潜“为悬赏十万以购焉，群盗骇散”。《张潜行状碑》内容丰富，史料翔实，是我国现存记述张潜及其炼铜事迹最早最详尽的文物资料，是研究中国古代科学炼铜技术的重要史料，被国家文物局确认为珍贵的国家一级文物。

二、仙人洞与明清贡米

万年县，位于江西省东北部、鄱阳湖东南岸，依山傍水、湿地辽阔，河渠纵横、塘堰棋布，亚热带季风环绕，四季分明，雨水充沛，气候温和湿润，年均气温 17.4℃，年均日照 1803.5 小时，年均降水 1808 毫米，平均无霜期 259 天，被世界农业考古学家马尼士博士喻为“上帝安排生产稻米的地方”，享有“中国贡米之乡”“淡水珍珠之乡”等美誉。

万年是世界稻作文化发源地，历史悠久，文化灿烂。1995 年，一支中美联合农业考古队在万年考古发掘中有了重大发现，在新石器时代早期遗址中发现了栽培稻植硅石。这个发现将人类稻作的起源从 7000 年前又往前推移了 5000 年，江西万年由此也成为人类已知的世界上最早的稻作起源地之一。

万年贡米原产地

万年贡米原名“坞源早”，起源于南北朝时期，产于裴梅镇荷桥村和龙港村一带。万年贡米，起源于南北朝时期，是当地名特产之一。据传，明正德七年（1512），明武宗下令新建万年县，万年知县为答谢朝廷建县之恩，将归桂乡出产的“坞源早”籼稻米进贡皇帝。皇帝食用后大加赞赏，遂传旨“代代耕作，岁岁纳贡”，贡米由此得名。此后，万年贡米一直专供皇室食用，延续至清代。其米质优良，体长粒大，形状若梭，质白如玉，软而不粘，香柔可口，蛋白质含量高，营养丰富。

万年贡米

1985 年以后，万年县与国内多家水稻研究单位及高等院校合作研究，在传统的贡米基础上通过提纯复壮开发选育了万年香丝米、贡丝米、珍珠贡米和贡糯米等系列产品。2002 年，“万年贡”牌大米获绿色大米产品标志证书。2005 年，万年贡米获得省级地理标志保护。2006 年，万年贡米生产标准及江西省地方标准发布。2007 年，万年贡稻栽培技术被列入江西省非物质文化遗产保护名录。

三、万里茶道连四纸

茶

上饶各县都产茶，著名的县有婺源和铅山。婺源绿茶历史悠久，早在唐代就设置了茶业制置使，负责茶叶的生产制作和收购。朱熹的婺源始祖朱瓌即在唐末受歙州刺史陶雅之令，带3000兵卒，镇守婺源，官婺源制置茶院，称茶院公，朱熹是茶院公的第九世孙。

铅山制茶同样历史悠久，早在宋代铅山茶就成为贡品。《铅山县志》中记载：“早在宋代铅山就出产周山茶、白水团茶、小龙凤团茶。铅山县境内四面环山，其南即武夷山北麓，森林覆盖率达74%，地势南高北低，气候温暖湿润，雨量充沛，年降雨量为1732.9毫米；自然土壤以红壤、黄红壤、黄棕壤为主，适宜茶树生长。铅山河红茶，外形金毫披露，条索紧实、匀整，色泽乌润；汤色红浓、清澈、

婺源绿茶

甜香高长；滋味醇厚、回甘快好。”

2013 年 4 月 15 日，原国家农业部正式批准对“铅山河红茶”实施农产品地理标志登记保护。

红茶可以帮助胃肠消化、促进食欲，可利尿、消除水肿，并强壮心脏功能。红茶中富含的黄酮类化合物能消除自由基，具有抗酸化作用，降低心肌梗死的发病率。

明代宣德、正德年间（1426—1521），铅山又有小种河红、玉绿、特贡、贡毫、贡玉、花香等名茶。自明嘉靖（1522—1566）起，河口即逐步成为南方内陆水运中心和茶纸加工、转运的贸易大市场，那时，河红茶、福建武夷山岩茶，都集中到河口码头，集装船运至鄱阳、湖口，上溯武汉，下至运河，经销全国。河红茶也由此跻身全国乃至世界贸易大宗。《铅山县志》载：“至万历间（1573—1620），‘河红’

铅山河红茶

茶声名远播，外地商人纷纷来河口、石塘、陈坊等地订购。”据明万历版《信州府志》载：“河红茶乃为国内最著名之红茶，且为华夏首次问世之华茶。”

连四纸

铅山连四纸是铅山县特产，中国国家地理标志产品。

据载，铅山连四纸始创于后汉。明代，高濂《遵生八笺》把“铅山纸”列为元代“妍妙辉光，皆世称也”的精品。明代宋应星《天工开物》有数处记载了铅山造纸状况，对铅山纸品种的连四、柬纸做了说明。

连四纸是品质上乘的文化纸，其纸质地洁白莹辉，细嫩绵密，平整柔韧，其着墨鲜明，吸水易干。有隐约帘纹，防虫耐热，永不变色，素有“寿纸千年”之称，旧时贵重书籍、碑帖、契文、书画、扇面等多用之。纸质薄而均匀，洁白如羊脂玉，书写、图画均宜，多用来制作高级手工印刷品，如碑帖、信笺、扇面原纸等。

清末民初全县生产连四纸的纸槽有1400多张，仅浆源一个村就有20张，铅山连四纸每年外销20多万件。铅山连四纸年产40000刀，年产值约2000万元。先后与国家图书馆、浙江省图书馆、西泠印社等多家机构达成产品专供协议，成为古籍善本修复用纸。

20世纪50年代开始，因销路不畅，连四纸的生产始终处于时续时停的状态。20世纪80年代中期，天柱山乡浆源村应省供销社之请，再度开槽。21世纪，政府扶植在县城成立了含珠实业有限公司，生产连四纸和河红茶。

四、石雕、砚雕与漆器

婺源石雕是婺源三雕的一种，多适用于民居、官宅、宗祠、庙宇、廊桥和牌坊等建筑上。在婺源凡有古村落、古建筑就有美不胜收的石雕。

婺源的龙尾砚、玉山的罗纹砚、鄱阳的漆器，都是上饶颇有名气的特产。历史上婺源属安徽歙州（宋代徽宗年

婺源石雕

婺源砚雕

间改徽州）管辖，以州名物，故婺源所产石砚称为歙砚。歙砚的石材主要产于婺源县溪头乡的龙尾山，故又称龙尾砚、龙尾歙砚。婺源龙尾砚的制作工艺以雕刻为中心，主要由选石、构思、定型、图案设计、雕刻、打磨等多道工序构成。罗纹砚产于怀玉山下，宋朝理学家朱熹称它为“怀玉砚”。罗纹砚的生产据传已有千余年的历史。鄱阳脱胎漆工艺品被誉为中华三宝之一，其制作工艺始于东汉，早年曾获巴拿马国际博览会奖。其制作工艺主要利用当地盛产的“夏布”为胎，再利用天然植物脱胎漆工艺为原料。经制模、裹布、上灰、上漆、脱胎、打磨、贴箔、推光、抛光等 50 多道工序制成。鄱阳脱胎漆器工艺是一门中国传统手工技艺，历经几千年流传至今，是历代艺人心血和智慧的结晶，体现了古代中国劳动人民卓越的智慧和超凡的创造才能，是一份宝贵的历史、文化遗产。

江西拥有悠久的漆器制造传统。郑师许《漆器考》载，五代两宋，中国漆器的制造中心“初为湖南，后移江西”。宋元至明，江西庐陵以制造螺钿漆器知名。而鄱阳脱胎漆器传习江西漆器制造传统，坚持长期实践探索，形成自己的特色。其工艺制作非常细腻，成品光泽圆润，外形若骨，刻绘精细，手法自然，巧夺天工，充分体现了古代劳动人民的聪明才智和艺术创造力。1915 年，江西鄱阳宗传六代的漆画工艺老人张席珍精心制作了一对脱胎漆器帽筒，此作品作为“大中国”的工艺品被送到世界工商博览会上参展，

鄱阳漆器

荣获四等奖，此后，鄱阳脱胎漆器名享海内外。有些作品被称为国内首创。

鄱阳脱胎漆器需要纯手工制作，工序繁杂，从业人员习艺时间较长且工作辛劳，为现代年轻人不屑，后继乏人，传承十分艰难。

鄱阳县人民政府为保护这一独特手工技艺，通过招商引资等方式，聘请仅存的几位老艺人组创了新的生产公司，并投入专款培养传人，力求能将此工艺完整地保护起来。

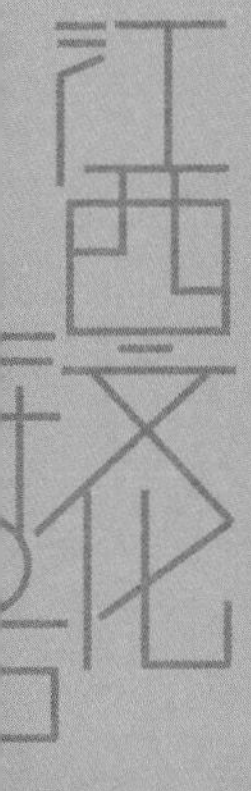

第三章 古建气韵

GUJIAN
QIYUN

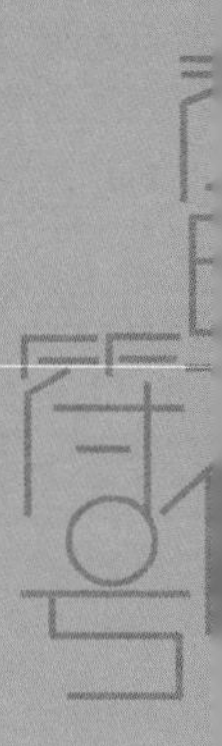

江南建筑，多姿多彩，而上饶最有特色的，一为民居建筑，一为书院建筑。而民居建筑以广丰嵩峰乡王家大屋为典型，石雕大门三开，封火围墙四合。大屋体量宏大，布局完整；宅院规划科学，主从有序、功能分明。大屋选址科学，三面环山，一面临水，形成了一道天然的屏障，既防天灾，又避兵匪，俗称“金带环抱”，符合当时的社会环境。婺源的划归，更为饶信增添新的色彩，徽式古建民居与宗祠建筑相映成趣，石雕、木雕精美无比，是至今保存最好的民间艺术。饶信之地文风鼎盛，书院林立。鹅湖书院、叠山书院、信江书院迄今保存完好，庄严恢弘，融合了民居和宫观庙宇建筑艺术之长。

一、千年村落，拥抱山水的家园

中华文明中，始终将人类置于大自然中，追求天人合一，物我一体。这表现在安置家园时强调与自然和谐一致。饶信大地地处江南丘陵，在险峻、崎岖的山水之间，至今遗存着很多美丽的古村落。这些古村落往往后靠青山，前临绿水，非常注意人和天、地、山、水的环境关系，蜿蜒于青山绿水间，与层层田畴、缭绕云雾相映成趣，积淀着厚重的传统文化底蕴，叙说着悠久的历史文明；似一首首田园牧歌，歌咏着传统生活的古典气韵。

弋阳洪山畲族村，一个藏在武夷山余脉、距县城 50 多公里的深山中的古老山村。这里山高林密，流泉飞瀑，奇花异树，山顶有千亩草甸，山下是万顷竹林。近看远眺，尽收眼底的是一幅幅“远近高低各不同”“浓妆淡抹总相宜”的山水画卷。这里有东出闽越的周村古城关、古驿道，有殿山峡谷古寨门、洪山古桥梁，有典型的山村民居建筑，有民风淳朴、浑然天成的畲乡古村落。

在怀玉山深处，2300年前的战国时期修建的璞信古道边，有一个小山村静静地隐在崇山峻岭之间。青石铺就的古道，依然保存完好，黄泥为墙黑瓦遮顶的木质房屋，虽然在风雨侵蚀中却依然为山民们遮风挡雨。村庄依山而建，狭窄而陡峭，由一条条卵石铺成的小道将所有人家串联成整体，也把人们送出山外。最引人瞩目的，是村中跨越小溪的几十座单孔石拱桥，展现出人们依赖自然又战胜自然的智慧。

石塘镇的石塘村地处铅山县东南40公里的武夷山北麓，南唐保大十一年（953）置镇，距今有一千余年历史。是万里茶道第一镇，武夷茶从此上船运往全国各地。明清石塘造纸业发达，尤其是连四纸质地洁白如玉，细嫩坚韧，永不变色，素有“寿纸千年”的美誉，是写字作画、印刷古籍的上品。古镇里，至今尚存219栋古建筑。建筑群的粉墙黛瓦鳞次栉比，密密匝匝的马头墙所形成的天际线优美柔和、气势磅礴。其以实物的形式记载了石塘镇各个时期民俗建筑的发展史，被称为“明清古建筑博物馆”。

整个古镇的古建筑，以石塘河“入”字形古官圳为纽带，形成了坑背、阔板桥，南北一条主干宽街，港沿及查家弄、罗家弄、高义记弄、陈家弄、码弄、高井头弄、范家弄、天后宫弄、商会弄、潘家弄等三纵十横的长条形的建筑格局。在古镇纵横交错的三纵十横里，还有由密集的建筑分割而成的众多支弄。古官圳的水源来自武夷山，贴着民居，奔流而下，是石塘村人的饮用水和生活用水的来源，最令人赞叹的是有许多民居巧妙地将水引入家中，再蜿蜒而出，给生活带来极大便利。

婺源的严田村，传说是李唐后裔避乱于南唐迁入兴建而成的。村落的东北侧是“船槽峡”。左右有日山和月山。最值得称道的是严田村的“水口”，其称得上为古人实践天人合一理论的杰出典范之一。缪希雍的《葬经翼》中称水口乃一地之门户，当“一方众水所总出处也”。由于婺源地处万山间，各村落四面大多是山，形成较为封闭的完整空间，所以水口自然而然地成为村落的咽喉，被人们看成关系到村落人丁财富的兴衰聚散之地。古人认为水即是财富，为了留住财气，因此往往在水口处培植树木，建筑桥台楼塔等物，以增加锁钥的气势，扼住关口。这样布局，既是基于古人“障空补缺”的理论，同时又改善了村落的环境及景观，形成“绿树村边合，青山郭外斜”的村落总体环境特征，使水口成为全村的公共园林。严田村的水口，除植有巨樟、在溪流上横架藉以“藏风聚气”的树德桥外，另装饰有德福亭、四灵庵、沁泉、如来佛柱、水碓等建筑，使水口不仅关锁严密，同时炫示了家族的荣耀。严田水口的巨樟，树龄距今已有1000多年。古樟树高20余米，胸径达4.3米，冠幅有3亩。枝干横斜参差，苍劲雄浑，叶片密密匝匝，披青展翠，完全当得上“天下第一樟”之称。

二、多姿多彩的徽式古建

饶信地处江西省东北端，与安徽、浙江两省毗邻。古称吴头楚尾，这里人杰地灵，风景优美，古迹众多，婺源县的划入，带来丰厚的徽州文化，有著名的古建筑群，显示了浓厚的徽式风格。

婺源，是中国古建保存最多、最完好的地方之一。全县至今仍完好地保存着明清时代的古祠堂 113 座、古府第 28 栋、古民宅 36 幢和古桥 187 座。村庄一般都前有流水、后靠青山。古村落的民居建筑群，依山而建，面河而立，户户相连，鳞次栉比，黛瓦

白墙，黑白相间，布局紧凑而典雅。门前听水响，窗外闻鸟啼。走进古村落，可以看到爬满青藤的粉墙，长着青苔的黛瓦，飞檐斗角的精巧雕刻，剥落的雕梁画栋的门楣。

婺源民居中的“三雕”（石雕、木雕、砖雕）是中国古建筑中的典范。不仅用材考究，做工精美，而且风格独特，造型典雅，有着深厚的文化底蕴。号称“江南第一祠”的汪口喻氏宗祠，占地665平方米，其梁、柱、窗上的浅雕、深雕、浮雕、透雕、圆雕形成的各种图案达100多组，刀功细腻，工艺精湛，被我国古建筑学家誉为“艺术殿堂”。

婺源古村落，近300米长的“天街”古巷两旁徽式商

婺源江湾古村

思溪延村

铺林立，茶坊、酒肆、书场、砚庄、篾铺，古趣盎然。婺源县城乡今天人们建造的公寓、酒楼和民舍，也统一为清一色的明清式建筑风格，与古代的建筑相辉映。

明清官府建筑与宗祠建筑，仅沱川乡理坑村，就有多栋富丽堂皇、雍容典雅的府第。有明天启元年（1621）吏部尚书余懋衡的天官上卿府，有崇祯年间（1628—1644）广州知府余自怡奉旨敕建的官厅（友松祠），还有明末工部尚书余懋学的尚书府第、兵部主事余维枢的宅第等。

思口镇延村的清代民居古建筑群，亦颇具特色。这里是徽商聚居之地，徽商们赚了钱，便都精心打造自己的住宅，精雕细琢，堆花砌锦。其梁枋、雀替、门楣、窗棂、护净上都刻了松柏花草或戏曲人物。门楼上飘檐卷角，青石铺地，白灰压缝，全村宅第有游廊相连。

三、婺源的宗祠建筑

萧江宗祠

又名永思祠，始建于明朝万历六年（1578），地址在婺源县江湾镇。萧江宗祠曾被誉为江南七十祠中“最好的一幢宗祠”，为婺源四大古建之首，是江湾景区的标志性建筑。萧氏家族是江湾最大的家族，始祖是西汉的萧何。萧江宗祠规模宏大，木雕精美，为国内罕见。

萧江宗祠

俞氏宗祠

俞氏宗祠在婺源汪口村，建于清乾隆九年（1744），以细腻的木雕而闻名，号称江南第一宗祠，为清代中轴歇山式建筑，被古建筑专家誉为“建筑艺术宝库”。祠堂内部建筑凡是木质构建都精雕细琢，非常华美，有浅雕、深雕、圆雕、透雕形式的龙凤麒麟、松鹤柏鹿、水榭楼台、人物戏文、飞禽走兽、兰草花卉等精美图案百余组。

俞氏宗祠

百柱宗祠

百柱宗祠又称经义堂，是黄氏宗祠，位于婺源北线之黄村，是清康熙年间（1662—1722）建造的建筑艺术珍品，其照片曾于 1982 年赴法国巴黎展出。“百柱宗祠”的名称缘于祠堂内有 99 根柱子，规模宏大融合了徽派和皇家建筑

百柱宗祠

风格，甚至曾被说成“私造金銮殿”。

传说在宗祠建筑初期，大厅拱门前的台阶有九级，叫“九步金阶”，还有宗祠内的99根柱子，大梁上有“鳌鱼吐云”“龙凤呈祥”等图案，雕工十分精美，四个石基深刻“鹭鸶戏莲”“凤戏牡丹”“仙鹤登云”“喜鹊含梅”纹饰。后被告密说黄村“私造金銮殿”，有谋反意图，于是将九级台阶减为七级，不敢称九，宗祠也称为“百柱宗祠”。

余氏宗祠

宗祠在江湾乡汪口村，建于清代，其各种雕刻图案如：小榭楼台庭院、小桥流水人家、牧童荷女、飞禽走兽，无不传神毕肖，栩栩如生。历300余年，至今仍保存完好，被古建筑专家誉为“艺术殿堂”“木雕宝库”。

四、赣东北民居王家大屋

王家大屋坐落在上饶市广丰区嵩峰乡十都村，据《王氏世谱》所载，十都肇基于元初，始祖童姓开始居住，王姓于南宋嘉熙年间，因战乱从山西太原迁至浙江江山保安，后移居广丰十都。王家大屋建于清乾隆十三年（1748），是当时纸商王直贤所建，故又名“直贤大屋”。在清代赣东北民居中具有独特的建筑风格。大屋体量宏大，布局完整；宅院规划科学，主从有序、功能分明。大屋占地面积27000平方米，建筑面积6780平方米，单层砖木结构，大屋内厅、堂、室、廊布局错落有致，除厅堂、风道外，有房间108间，小井2口，青石栏杆、鱼池4个，大小天井36个，青石推槽式圆门3个。大屋选址科学，三面环山，一面临水，形成了一道天然的屏障，既防天灾，又避兵匪，俗称“金带环抱”，符合当时的社会环境。王家大屋地处赣东北，为赣浙交界区域，大屋充分展示了两地建筑文化的交汇与融合。王家大屋在梁架及小木作和雕刻工艺上均体现了浙江与江西相互影响的建筑手法、这也是王家大屋较为典型的建筑特征。

十都王家大屋历经两百余年，基本保存完好、边界清晰，是研究江西乃至我国南方地区清代民居营造技术的珍贵实例；也填补了江西大型宅第民居类国家级文物展示的空白。2019 年 10 月 7 日，十都王家大屋入选第八批全国重点文物保护单位名单。

十都王家大屋

王家大屋内景

王家大屋梁柱

五、书院建筑斯文气象

南宋以降，随着江西政治文化地位的提高，饶信文风愈盛。据《上饶地区志》统计，上饶各县（市、区）有一定影响的古书院有168所。如始建于南宋时期的铅山鹅湖书院是天下四大书院之一，弋阳叠山书院是元仁宗延祐五年（1318）弋阳人民为纪念抗元英雄谢枋得（字叠山）而建，雄踞于信江之畔的信江书院始建于清康熙年间。这三座书院主体建筑保留较好，此外的书院则多仅留名而已。

鹅湖书院

鹅湖书院占地面积8000平方米，自南宋建立以来，几度废兴。现在格局基本沿袭清道光二十七年（1847）修建后的基本布局。院墙前临照塘，西墙建礼门，为书院与外界通联的主要门户，拱形门洞，门楼为单檐庑殿顶，额匾:

鹅湖书院牌坊

“鹅湖书院”，阴额：“圣域贤关。”走进礼门，便是五开间的头门，中间明间为敞厅，中立大型木质对开板门一樘，抱鼓石一对，其上大匾：“敦化育才。”梢间以及次间的后半进有房。东、西侧屋各三间，硬山，山墙，庑顶，飞檐，整体大气恢宏。走入院中，一个高大的青石牌坊，矗立于泮池与头门之间，正面额匾“斯文宗主”，背面额匾“继往开来”，四柱三间，石雕工艺精美，吉禽祥兽栩栩如生，十八尾鲤鱼高扬尾鳍跃居于三层门楼翘角之上。这座牌坊始建于明正德六年（1511），历经 500 余年，历经战火动乱，屹立至今。牌坊之后，一个半圆形的泮池，被单孔雕栏石拱桥分割成两半，泮池中有龙头吐水，桥面精心雕刻着祥云飞龙图案，人称“状元桥”。泮池两边各有一碑亭。泮池后是三进的院落，依次为仪门、会元堂、御书楼。东西两廓原有读书号房 20 幢，如今仅仅修复了部分东廓号房。

整个书院因坐落在鹅湖山脚下的一个小平原上，地势平坦，基本上是呈平面展开。但院落中有绿树，有池沼，有凉亭，石雕精美，屋宇庄严，是南宋以来儒学教化传播的重地，是学生追寻理学的渊薮。

叠山书院

元皇庆二年（1313）虞舜臣（生卒不详）为纪念其恩师——南宋爱国诗人谢枋得（1226—1289）而建，始称谢文节公祠，元延祐四年（1317），经江浙行省奏请朝廷更名为叠山书院。建成700年来，叠山书院始终都是传播知识的重要场所，元、明、清时期是科举学子们的受教场地，科举废除后，成为弋阳的小学、中学所在地，培养了一代又一代的弋阳人民。

叠山书院所在地理位置极佳，坐落于县城东侧、信江北岸、海拔70米高的东门岭红沙土小山坡上，坐北朝南，乃县城制高点。院内建筑主体建成于不同年代，其中明伦堂是在元代建成的，其余建筑如礼圣门、文昌殿、桂花园、山长室、藏经阁、望江楼等，分别建于明清两代。整座书院占地面积7200平方米，建筑面积2790平方米，院中建筑依地形由低到高，层层叠叠，错落有致，又以长廊连成一体。主要建筑均为石木结构，朱漆、浮雕、歇山庑顶，飞檐耸角，工艺精巧，古朴典雅，宏伟壮观。院墙又高又厚，四周环绕，形似一座气象森严的古堡。

信江书院

信江书院，位于信州区信江南岸黄金山上。创建于清康熙三十三年（1694），原称曲江书院、钟灵讲院、紫阳书院，乾隆四十六年（1781）始称信江书院。信江书院依山而建，院内青石漫地，各个建筑之间以石阶勾连，从山脚最低处的大门进入，循阶而上，钟灵台、春风亭、一榻轩、夕秀亭、日新书屋、亦乐堂等十余处古色古香的古建筑，雕梁画栋，造型古朴，随山就势，崇垣周遭，曲槛旋折，掩映在古树绿竹之间，显得分外风雅别致。黄金山，又称黄荆山、南屏山，山势起伏奇峻，山色苍翠欲滴，信江与丰溪河在此交汇缓缓向西流淌。历来被视为信州府治郡城风水格局的案山，自唐代以来山上便建有众多宫观寺庙、楼阁亭台，是文人学者雅会云集之所。信江书院将许多景观兼容并包，规制宏大，钟山峙于后，灵山揖于前，朝迎晨辉紫气，暮送晚照流红。山灵水秀，神与物游。相对来说信江书院不以屋舍建筑见长，而是园林布局匠心独运，表现出了民办书院集讲学、藏书、读书、筵集、游乐于一体的综合性活动场所的性质。

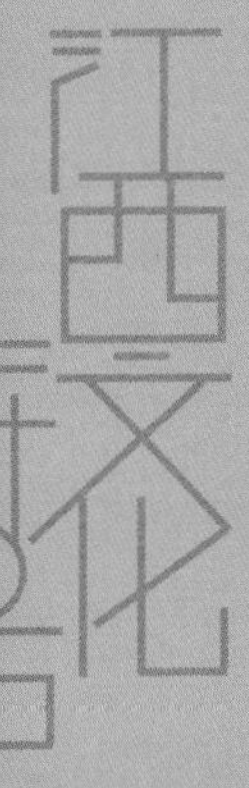

第四章　理学传承

LIXUE
CHUANCHENG

江西是理学发展的中心地带，在信江河流域，在环鄱阳湖地带，都曾经是理学家及其门人学子活动的地方。北宋熙宁年间，理学的创始人周敦颐曾隐居于庐山莲花峰下，建濂溪书院，授徒讲学。南宋淳熙中，朱熹知南康军，在庐山修复白鹿洞书院，推承濂溪之学。朱熹祖籍婺源，曾两次归家探亲扫墓，有不少婺源、德兴的门人。

一、鹅湖之会

鹅湖山又名荷湖山，在江西铅山县永平镇北 15 里处。《铅山县志》载：鹅湖山在县东北，周回四十余里。其影入于县南西湖，诸峰联络，若狮象犀，最高者峰顶三峰挺秀。山间原有湖，多生荷，故名荷湖。东晋时有龚氏居山蓄鹅，其双鹅育子数百，羽翮成乃飞去，乃更其名为鹅湖。唐大历中，洪州禅风靡天下，马祖弟子大义来鹅湖，开山植锡，创为鹅湖峰顶禅院，香火盛极一时。至宋淳熙中，吕祖谦邀约朱熹与陆九渊兄弟论辩于鹅湖寺，后人即在其地建四贤堂，屡经扩建修缮，江东提刑蔡抗请于朝，宋理宗赐名文宗书院，而有后来之鹅湖书院。

朱陆鹅湖之会

鹅湖之会是由吕祖谦发起和组织的。在南宋学坛上，吕祖谦与朱熹、湖南张栻并驾齐驱，时号“东南三贤”。吕氏之学本于家学，师从福建林之奇，后又相继拜江西玉山汪应辰及福建崇安胡宪为师，其学“平心易气，不欲呈口舌，以与诸公角。大约在陶铸同类，以渐化其俗”。吕祖谦与朱熹交往数十年，有很好的私交，也是事业上可与之合作的同志。同时，吕祖谦又是陆九渊进入官场和学术界的引路人，尝读陆九渊文，喜之，而未识其人。乾道八年（1172），吕祖谦参与主持礼部考试，得一卷，曰“此必江西小陆之文也”，揭示，果陆九渊，见于《宋史》所载。吕祖谦慧眼识人才，把陆九渊选拔入官场，并把他推荐给学术界。因而，当他发现朱熹、陆九渊学术上的分歧，便热心地出面调停，发起和组织了鹅湖之会。于是，朱陆学术异同之争的序幕就这样被揭开了。

会议讨论的中心问题是理学方法论，而所涉则包含本体论与方法论两个方面。参加会议的人员，见于记载的实有四方人士：浙江有吕祖谦、潘景愈；福建有朱熹、蔡元定、何镐、詹体仁、范念德、连嵩、徐宋臣等人；江西有陆九渊、陆九龄以及朱桴、朱泰卿、邹斌、傅一飞一班弟子；还有江西当地人士临川守赵景明、其兄赵景昭，信州守詹仪之，清江刘清之、宜黄刘迁等一起来会。会议气氛紧张激烈，双方各执己见，不合而罢。这是中国历史上一次规模较大的民间学术之争，是理学发展进程中一次有益的论争。朱陆在论辩中亮出了自己的主张，成为一个时期学术界公开论争的主题。对朱、陆双方而言，他们从会前的对立，到会中的争辩，再到会后的反思，都获得了自身理论进步与成熟的动力。

吕祖谦在认识陆九渊前，与朱熹的关系已经十分密切。乾道九年（1173），朱熹长子塾赴金华受教于吕祖谦。淳熙二年（1175）三月，吕祖谦往崇安五夫里探访朱熹，在长达一个多月的时间里，他们相与谈周程张子之书，摘其关于大体而切于日用者六百余条，编成《近思录》。《近思录》的编成，标志着朱吕二人思想交流的成功。正是这

鹅湖之会雕塑

种交流的成功，促使吕祖谦萌生了邀约二陆进行交流的念头。

吕祖谦对陆学的态度亦不同于朱熹，鹅湖之会前，他在给汪应辰、陈亮、朱熹等人的信中，对陆氏多有“淳笃劲直”“流辈少见”之类的赞美之辞，但也指出了陆学“旧所学稍偏”的不足，以为“不可不收拾”。他是抱着“开怀成就之”的良好愿望去调停朱陆，去和朱熹一道纠正陆学之偏的。

鹅湖之会揭开了朱陆学术异同之争的序幕，也引发了朱子学与江西之学的交流与论争。鹅湖之会后，他们对来自对方的批评意见都进行了深刻反思。淳熙六年（1179），陆九龄偕刘淳叟与朱熹再会于铅山之观音院，相与极论而无猜，双方都作了自我批评。在陆氏一方，是渐渐感到自身学术的空疏，承认不读书讲学是一种偏见。在朱熹一方，也承认自己的好高支离之病，也同意就简约上下工夫。

铅山观音院之会

淳熙五年（1178）八月，因宰相史浩荐，朱熹知南康军，屡辞不得，乃于淳熙六年（1179）二月出闽，至铅山崇寿观音院候命一月余，四方来谒者甚众。陆九龄闻讯，亦携弟子前来。

崇寿观音院今已无存。有关著作中或称崇寿精舍，或称观音寺，新版《铅山县志》对此已无记载。今据明《铅书》

鹅湖书院

卷四所载，可知崇寿观音院同鹅湖寺一样，都是唐大义禅师开创的禅院。唐昭宗大顺（890—891）时，在大义结庵处建上感保寿观音院，至北宋真宗大中祥符元年（1008）改称崇寿观音院，其地为旌孝乡所辖之紫溪。紫溪是闽赣驿道上的大镇，朱熹出闽，北上武夷山，过分水关入江西，下山即到紫溪。崇寿观音院就在紫溪镇上。

鹅湖之会上，朱陆双方不合而罢，这并不影响他们的继续交往。淳熙四年（1177），陆九龄曾写信给朱熹问礼制。淳熙五年（1178），陆氏兄弟两次致书朱熹，“自讼前日偏见之说”。这年三月，当听说朱熹候命于铅山，陆九龄便携弟子刘淳叟从抚州专门来访，与朱熹聚会于崇寿观音院，相谈历三天。束景南说，“这次观音寺之会两人各都有一些自我批评，但显然主要是陆九龄受到了朱熹的影响，相见之后陆九龄基本上倾向了朱熹”，这一论断是可信的。

三天的交流，他们谈的是《论语》《中庸》等学问。朱熹明显地感觉到陆九龄的变化，他已抛弃了不读书讲学的偏见，转而在经典上就实下工夫；陆九龄也不再持“留情传注翻榛塞，着意精微转陆沉”之见，转而对朱熹解《中庸》大加赞美，且对“几微处须点检”有了自己的体验。

朱熹也认识到自己往日“持论亦好高”，而近来才有“渐渐移近下”的转变。两年后，朱熹在《祭陆子寿文》中追忆了鹅湖之会和观音院之会的情景。

朱熹说到，他在鹅湖之会上只是静听，未予深辨，是有所等待的，他自信陆氏兄弟“必将返而深观”。果然，别后未几，就接到陆子来信，说朱子之言是值得深思的。又在他待官铅山观音院时，枉车来教，相与极论而无猜。这次交流，不仅气氛很好，而且效果很好。他们求同存异，大体达成一致，趋向道合志同。朱熹对二陆的“易简工夫”也有了趋同。

朱熹和陆九龄的观音院之会虽然规模较小，却是一次心平气和的学术交流会，对双方都产生了良好的效果。经过这次交流，陆九龄的学术观念明显地转向了朱熹。

鹅湖之会暴露了朱陆学术异同之争，提升了江西之学的历史地位。从先秦到唐，历史上并没有“江西之学”之称。自南宋下迄明末，学术界称“江西之学”一般都指贵溪陆象山之学。这个话，首先是朱熹说出来的，朱熹说：“江西之学只是禅，浙学却专是功利。”又说：“江西之学无了恻隐辞逊之心，但有羞恶之心。”这里所批评的“江西之学”就是指信州贵溪象山书院以陆九渊、陆九龄为代表的学说，而浙学则指永康之学，也即陈亮之学。此后，朱门弟子亦沿用其说。

江西作为理学的心脏地带，其萌芽发端固然不在陆氏，而是早在北宋初中期由欧阳修发端，开创者则属周敦颐，但“江西之学”既产生于江西，既成之后又能够获得与程朱理学分庭抗礼的身份与地位，则是与二陆的理论特色分不开的。这正如清人计东所言：“自宋伊洛诸先生以正学倡率天下，至淳熙间朱吕之教遍于江浙，而象山为吕成公（祖谦）所得士，独能自信其学，奋然与朱夫子中分学人，使晓然于易简之法，而江西之学，遂孤行于天下。”陆象山的“自信其学”，能凭其“易简之法”，与朱子中分学人。所以，把能孤行于天下的陆氏之学作为江西之学的代表，应该是合适的。计东说江西之学孤行于天下，当然是指陆九渊心学未能进入官学，取得像程朱理学那样颁行天下的地位。但江西之学毕竟是行于天下的，说“孤行”那只是比较而言。程朱理学作为官方哲学，有统治阶级的支持提倡，自然久盛不衰。而陆氏江西之学，却凭着对自身学术的自信，凭着社会对“易简之法”的认同而超越于江西之外，取得了孤行于天下的发展，却是极不容易的事。

二、汪应辰及其理学活动

汪应辰画像

汪应辰（1118—1176），初名洋，字圣锡，信州玉山（今江西省玉山县）人。中国科举史上最年轻的状元，历官南宋吏部尚书、端明殿学士等职。

他自幼便聪慧好学，五岁知读书属对，十岁能诗。未冠，首贡乡举。试礼部居高选，宰相赵鼎奇之。绍兴五年（1135）举进士第一，年甫十八。授镇东军签判，召为秘书省正字。时秦桧主和议，应辰上疏力言因循九备、上下相蒙之可畏，忤桧意，出通判建州。桧死，始还朝。累官吏部尚书，刚方正直，敢言不避，中贵多侧目。宋孝宗赵昚即位后又因事被迫请求调外，于是知福州。不久，升敷文阁待制，举朱熹自代。出为四川制置使，知成都府。再除吏部尚书，寻兼翰林学士并侍读。又因事不合，以端明殿学士知平江府（今江苏苏州）。韩玉被旨拣马，路过平江府，因汪应辰没有特别招待他，心怀不满，回京乃密告宋孝宗，说所到州县，没有像平江府那样乱的地方，于是连遭贬秩，气病卧家不起而卒，谥文定。著有文集 50 卷，传于世。

汪应辰幼为神童，五岁知书，属对应声，出语惊人，多识奇字。家贫无灯油，拾柴点火读书。从人借书，有过目不忘之能。十岁能诗，游乡校，郡博士戏之曰："韩愈十三而能文，今子奚若？"应辰答曰："仲尼三千而论道，惟公其然。"入京试，宋高宗见他的对词，以为老成之士，直至见才知是刚少年，赐以御诗，并更名为应辰。

汪应辰少从喻樗、张九成、吕本中、胡安国等人游，又与吕祖谦、张栻为友。汪应辰是朱熹的从表叔，常与往来研究学问。他为人刚方正直，敢言不避，又多革弊事，所以遭到许多人的侧目，为人所陷。但他接物温逊，遇事特立不回，坚定不移。虽遭秦桧排挤，流落岭峤 17 年之久，"蓬蒿满径，一室萧然，饮粥不继，人不堪其忧"，他却"处之裕如也，益以修身讲学为事"。学者称玉山先生。

汪应辰少从吕居仁、胡安国游，张栻、吕祖谦深器许之，告以造道之方。尝释克己之私如用兵克敌，《易》惩忿窒欲，《书》刚制于酒，惩窒、刚制皆克胜义，可不常省察乎？其义理之精如此。政治上，他属于从抗战派转向自治派一方，符离之败前，他倾向主战派，他曾多次推荐朱熹。隆兴元年（1163），朝廷锐意北伐，召朱熹赴行在，此次被召，主要出于汪应辰的两次推荐。汪应辰写信给朱熹，期望他此次登对能有所作为："窃计诚心而论，从容献纳，所以开悟上意者多矣。"然而遗憾的是这次面奏受挫，孝宗在战和问题上始终摇摆不定，局势渐趋恶化。次年初，汪应辰再邀朱熹来福州商谈恢复大计，便告知了主和派王之望、龙大渊、洪适等人想方设法使孝宗罢免张浚的事。这年四月，张果然被罢，汪朱的恢复大计也就此破灭。在这种严峻的形势下，汪应辰的主张有所变化，他提出了"和战守三者皆末，自治为本"的思想，朱熹从福州归武夷，有《答汪尚书》，对此作出批评："今欲以讲和为名，而修自治之实，恐非夫子正名为先之意，内外心迹，判为两途，虽使幸而成功，为儒者所讳也。"

汪应辰与朱熹友谊深厚，汪大朱 12 岁，两人亦亲亦师亦友。汪十分赏识朱熹的学识才能，在政治上、学术上都有共同语言。汪应辰在政治上对朱熹的提携关照，有助于朱熹仕途的发展，而他们在学术上的往复论辩交流，则推进了朱熹早期理学思想的形成。

汪氏学术，本于六经而贯通释老，主张兼容并蓄。"合诸老之规模，而融其异同；总一代统纪，而揽其精粹"，被同辈学者称为"醇儒"。他温逊刚正、直言无隐的学术人品也为时人称道。纪昀在《文定集提要》说他"于朱子

文定集卷一

宋 汪應辰 撰

奏議

輪對論和議異議疏 原注 紹興八年五月

臣伏見日者敵使在庭中外洶洶朝廷之上號令紛然內則患和議之不諧外則患異議之不息臣雖疎遠有以見聖意之勤止也然臣私憂過計竊謂和議不諧非所患和議既諧矣而因循無備之可畏異議不息非所患異議既息矣而上下相蒙之可畏正恐輒所謂入則

《文定集》

为从表叔，恒相与商榷往返。其授敷文阁待制也，举朱子以自代，契分尤深”。

其实，朱熹对汪应辰学术，更多的是批评，内容首先涉及了儒释邪正之辨。他批评汪应辰好禅，批评他们“三教同源说”的错误，希望他能改变对佛老的模糊认识，承担起复兴儒学的重任。其次是对苏轼学术的邪正之辨，汪对苏轼充满敬意，对苏氏之学颇为钦慕，曾在给朱熹的信中谈及他的看法，朱熹连回两信，激发了他对苏学的批评。汪应辰认为，苏轼好佛是气习之弊，虽不知道，但无邪心，与王安石之学的穿凿附会有本质不同。朱熹对此作出严厉批评，“熹窃谓学以知道为本，知道则学纯而心正……苏氏之学虽与王氏若有不同者，然其不知道而自以为是则均焉”。且苏学“语道学则迷大本，论事实则尚权谋，衒浮华，忘本实，贵通达，贱名检，此其害天理，乱人心，妨道术，败风教，亦岂尽出王氏之下哉！”面对朱熹的持续批评，汪应辰做了让步。此后，朱、汪还进行了文道关系的论辩和关于《西铭》的论辩。

有学者认为，朱、汪论辩从批判佛学开始，到批判苏学再到清算宗杲、张九成，最后论辩《西铭》，是朱熹对自己早年出入佛老的清算，是建构朱熹思想体系不可缺少的一个环节，通过与汪应辰等人的交锋互辩，朱熹应对了佛学与苏学的挑战，在建构早期的理学思想体系上迈出了关键的一步。

三、介轩学派及其学人

饶州宋代辖鄱阳、德兴、余干等六县，这里历来是人文鼎盛的地方，也堪称理学传承的中心。余干赵汝愚曾官信州知州，后官至首辅，他是朱熹的重要盟友和政治靠山，后在“庆元党禁”中被迫害致死。朱熹祖籍婺源，曾两次回到家乡省亲扫墓，因而婺源及附近的德兴、鄱阳、乐平数县的学子闻风而来，拜于朱子门下，成为饶信域内的第一代朱学弟子。

介轩学派是南宋末董梦程所创学派。董梦程，鄱阳人，号“介轩”，学者称“介轩先生”，因称所创学派为“介轩学派”。董梦程初与董琮、程正刚、余季芳、宋洪范、曹泾等同学于董铢，又学于程正思，后从学于朱熹高足黄榦，为朱熹再传弟子。朱熹弟子黄榦曾创“勉斋学派”，其门人主要分为两支，一支为以何基为代表的“北山学派”，一支为以饶鲁为代表的“双峰学派”。此外，还有自鄱阳流入新安的一派，继二派之后兴盛一时，就是介轩学派。此派一传数传，弟子甚多，著名者有：董鼎、胡方平、许月卿、董真卿、范启、程若庸、胡一桂、江凯、程荣秀等。

介轩学派又称“鄱阳之学”，见载于《宋元学案》。学派中有三位核心人物，德兴的董铢、程端蒙和朱熹的女婿黄榦，三人都是朱熹弟子。

董铢（1153—1214），字叔重，德兴人，登嘉定进士，世为德兴望族，弱冠从乡儒程洵游，公语以晦庵先生所以教人者，叔重乃尽弃所学，取《大学》《中庸》《论语》《孟子》诸书，日夜玩习，裹粮入闽，抠趋函丈，不惮劳苦。朱子亦爱其勤且敏，不倦以教之（黄榦《董县尉墓志铭》）。

董铢始学于乡先生程洵，弱冠后则到建阳，与黄榦同受朱子之学。绍熙中，朱熹罢侍讲回考亭，筑沧洲精舍，授徒讲学，乃命董铢“长其事”，凡来学者“必命铢先与辩难”，俨然成为朱子教学的助手。董铢也经历了“庆元党禁”的考验，据黄榦《董县尉墓志铭》记载，党禁开始后，朱子门人有不少人畏祸回避，托词归去，有讳言其学、更名他师、变节改行者；有狂歌痛饮、挑达市肆、自污其名者，凡此诸人，董铢皆正色责之，礼义导之，使“诸生翕然以定”。董铢在朱子逝世八年之后始中进士，只任过婺州金华县尉等小官，一生俱以授徒讲学为主，在德兴九都建盘涧书院，传播朱子学说。著有《性理注》《解易注》《四书注》等。

程端蒙（1142—1191），字正思，德兴人，初以江介为师，淳熙三年（1176），朱子回婺源老家时，从学于朱熹。七年，乡贡补太学生，“对策不合，罢归”，自是不复应举，在本地授徒讲学以至终身，在十都创“求放心斋”，在十二都游弈坞创蒙斋书院，49 岁就去世了。所著有《性理字训》《毓蒙明训》《学则》等书。朱熹为其作《程君正思墓表》，中有评价云：“任道勇而用志专，必能卒究精微之韵，广斯道之传。”他所编撰的《性理字训》，据朱子《四书集注》，从中提炼出 30 多个命题，作出精准的诠释，编成四字儿歌，易于儿童背诵朗读，是童蒙学习理学的优秀教材。

黄榦（1152—1221），字直卿，福建闽县人。他是朱子理学在江西传播的关键人物。他曾入庐山访其友李燔、陈宓，相与游览玉渊潭、三峡涧，瞻仰其师旧迹，并讲《乾》《坤》二卦于白鹿书院，一时间山南山北之士皆来就学（《宋史本传》），为理学在鄱阳湖地区的传播发挥了巨大作用。《元史・儒学传》载：“饶州德兴沈贵珤受《易》于董梦程，梦程受朱熹之《易》于黄榦，而一桂之父方平及梦程学。”正可见其传承。

介轩学派历代传衍，可记载者相延六代，代有名家，且著述丰富，扩大了朱子学传播范围，普及了朱子学术。他们注重名节、廉介恬退，为社会树立了良好的人格风范。

四、胡居仁与余干之学

修缮后的胡居仁故居

胡居仁（1434—1484），字叔心，号敬斋，余干县梅港（现属江西上饶市）人。明朝著名理学家。

胡居仁幼即聪敏，人称“神童”。稍长，从安仁干淮游先生学《春秋》，日千言。稍壮，即博览群书，史传诸子、诗古文辞，无不涉猎。成年后，师从崇仁硕儒吴与弼，饱读儒家经典，尤致力于程朱理学。常与友人陈献章、娄谅、谢复、郑侃等人交游，吟诗作赋。人谓之崇仁学派，名闻当时，影响后世。胡居仁学业上主张以忠信为先，以求放心为要；行为上持敬，认为“操存勿失，莫大乎敬”。他端庄凝重，晏然自在。“奋志圣贤之学”，以继承和光大程朱理学为己任。

他一生以主敬为学术宗旨，筑室山中，读书处取名“敬斋”，四方来学者甚众。他毕生不求科举，居身乡野，侍亲讲学，不问世事。后来他也学习朱子，四处访学，探讨与交流学术。他与同乡娄谅、罗一峰、张东白论学于弋阳的龟峰和余干的应天寺。他曾主持白鹿洞书院，又讲学于贵溪涧源书院和淮王府，专讲穷理尽性至命，是明代程朱理学主要代表人物之一。明成化年间，胡居仁还东游钱塘、太湖等地，寻访名贤；遍览金陵、浙江、福建等地，考察风景名胜，与各地学者交流探讨学术。

胡居仁是笃行圣学的一代醇儒，是程朱学说坚定的捍卫者，虽然他在理论上没有太多的创新，但他的学问，他的操守，历来受到学者们一致的褒奖，正因为这样，他才能以一介布衣，而与明代大儒陈献章、薛瑄、王阳明并列，从祀孔庙，成为明代四大名儒之一。

胡居仁晚年，把他讲学时留下的语录集结成一书，名之《居业录》。此书是他精研圣贤经典，且经过长期“躬修体验”后的心得结晶。他的弟子、女婿余祐曾作序，揭示出他编纂此书的目的：“《居业录》者，先生道明德立，理有契于中而无可告语，事有感于外而无可施行，故笔之于册。”可见，他是怀才不遇报国无门，才借讲学之机，将他的政治韬略付之笔端，传之后学，因而纪昀为四库作提要，盛称胡氏此书“至今称道学正宗”。

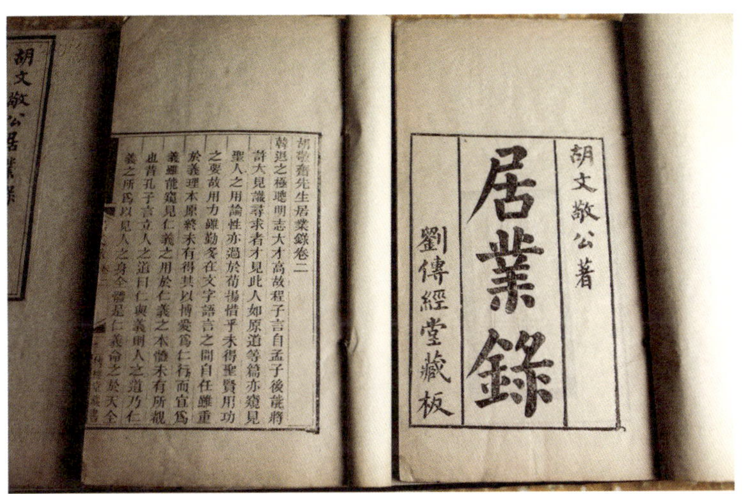

《居业录》

余干之学的骨干有娄谅、罗伦、张元祯、胡九韶诸人，他们在饶州余干县、广信弋阳龟峰广招学子，共创讲会，形成一个以程朱理学研讨为中心的学术团体。

五、一代理学宗师娄谅

娄谅（1422—1491），字克贞，号一斋，上饶人。他和胡居仁同为吴与弼的入室弟子，是余干之学的重要传人。娄氏为上饶名门望族，据《谯国娄氏发派总叙》载，先秦时有东楼、西楼二公子孙，以楼为姓。东楼公七世孙岑去木为娄。娄氏代有杰出人才：汉初，娄氏有敬公，助刘邦入关有功，赐国姓为刘敬，后封关内侯。东汉时三十五世娄范公任会稽太守，见山水俱佳，风俗淳朴，乃定居于会稽宦塘，被奉为娄氏一世始迁祖。唐初娄彦升任河南节度使，高宗曾赐赠“庆余堂”。第十四世娄曜任信州上饶尉，有善政，人民戴德，乃定居于信州内，娄曜之子娄璜择居于信州东四十里坎石（今信州区沙溪镇毛阍村）。娄璜生娄师德、娄师道二子，两人名重一时。娄师德任武则天朝同凤阁鸾台平章事，唐永淳元年（682）吐蕃入侵河源军，娄师德曾率军在白水涧（今青海湟源南）迎战，八战八捷。唐高宗认为他是文武全才，擢升有加，后屡立战功，至则天朝，官至宰相。宋代，娄氏由进士仕宦者有：娄璨、娄瑾、娄瑜、娄寅、娄宗华、娄宗茂、娄宗祺、娄祚。此时应为娄氏家族的辉煌时期。

传三十九世至娄谅，又成就了一代理学宗师。他“幼有异质，弱冠慨然有志于道”，求师于四方，闻康斋先生吴与弼讲学崇仁，乃从师门下。吴与弼教之以下学之功，躬行践履，娄谅得吴与弼真传，“折节向学……虽扫除之事必躬自为之”，成为门下最得意的弟子。《明儒学案》有载云：“凡康斋不以语门人者，于先生无所不尽。”（《崇仁学案二教谕娄一斋先生谅》）在崇仁学习了几年，娄谅因病回到上饶的家中。康斋因经常去江、浙两地，要途经上饶，于是娄谅与康斋就有了会面的机会，可以“亲炙教诲”。这期间，康斋多有诗文见赠，并亲自为《娄氏家谱》作序。景泰四年（1453），娄谅经过乡试，中了举人，这年娄谅在上饶水南街建了府邸，有芸阁。亦乐亭，为兄弟两人藏书读书与课徒之地。杨渭曾说：“信州建亦乐亭于城南麓旁，即讲院。”娄氏宗谱中记载了徐楷所说：一斋“其地距城六七里，峰峦从秀，树林拥翠，山水称奇……旁建别墅”。据胡居仁的记载，这年冬天，他们的老师吴与弼又一次路过上饶，曾登上娄谅的读书处，欣然题写了阁名：“芸阁。”乡举之后，娄谅继续修学于上饶，中间还不停地往来于崇

娄氏供奉娄谅及二子图

仁的师门，这样又过了十余年。

英宗天顺八年（1464），娄谅登进士第，授成都府学训导，在成都任上只待了两个月，即谢病南归，自号“病夫”。回到上饶后，娄谅依然足不出户，整日以读书讲学为事。“芸阁”逐渐成为他们教授学生的重要场所，其知名度也越来越高。

娄谅直接继承了朱熹的学术思想，以“主敬穷理”为主，即以“收心、放心”为居敬之门，以“何思何虑，勿助勿忘”为居敬之要。娄谅注重“三礼”研究，尤重礼仪，他每天早起，一定是深衣幅巾的装束，先拜家祠，然后出御厅事，接受家人及诸生的揖拜，“内外肃然，凛若朝廷”。有达官贵人前来造访，他们也必须整饬襟裾而入，而无丝毫放纵。

尝谓孔子佩象环是取中虚之义，因此他也置一象环佩戴着，日不去身，表示中虚无我。他在芸阁讲学的时候，常常是议论慷慨，善发人智，听者忘倦。还有一些有志于道者，常常登门拜访，请教各种问题，至于终日不忍离去。

娄谅虽退居乡野，而爱君忧国之思却很诚切。每读邸报，见朝廷行一善政，则喜形于色；若事有不公，则忧形于色，决不亚于立身于朝。闻明宪宗驾崩，垂涕不已。对地方行政，他也非常关心，敢于向官府提出意见，即使得罪，也在所不顾，在职官员或“有不善政，唯恐先生知之”。若遇旱潦蝗虫等自然灾害，则忧叹不已。他的学生夏尚朴形容他的音容笑貌：“气象岩岩。”

《明史·王守仁传》有载：（守仁）“年十七，谒上饶娄谅，与论朱子格物大指。还家，日端坐，讲读《五经》，不苟言笑。”明孝宗弘治二年（1489），娄谅年六十八，王阳明年十八。这年的冬天，王阳明因送新婚的夫人诸氏从南昌归浙江余姚，舟至广信，慕名拜谒娄谅，并从之问学。娄谅授之以宋儒格物之学，谓“圣人必可学而至”。王阳明深契之，因此始慕圣学。黄宗羲《明儒学案》说“姚江之学，先生（娄谅）为发端也”。所谓“姚江之学”，就是王阳明后来所发展出的心学，即王阳明的心学是从娄谅的理学开始启蒙发端的。

明弘治四年（1491）夏，忽闻灵山白云峰崩落数十丈，娄谅叹曰：“吾殆死矣！”于是紧急召弟子前来，并命门人蔡登查阅周敦颐、程颢去世的日期，说："元公（周敦颐）、纯公（程颢）皆暑月而卒，我有何遗憾。"当年的农历五月二十七日，娄谅逝世于上饶的家中，享年七十，门人私谥文肃先生。娄谅被选入乡贤祠，得到信州文人百姓的祭祀。当时广信府学的教授龙游余元默先生在祭文中写道："先生以刚毅之质，康斋之门，明正学、迪正道，为世鸿儒，非惟门生子姓恪遵其教，凡有官于此土者，亦皆有所惮而不敢为恶，是谓诚大有功于名教也。"

娄谅著有《日录》40卷，《三礼订讹》40卷，《诸儒附会》13篇，《春秋本意》12篇，因宁王之祸，遗文散失。门人夏尚朴在《娄一斋先生行实》的结尾说，他曾借《日录》数册抄录于宁王祸以前，故《日录》幸存其家，但现在也已佚散。不过在一些文献里，还留有娄谅的诗句。娄谅的嫡传弟子，有夏尚朴、潘润等。

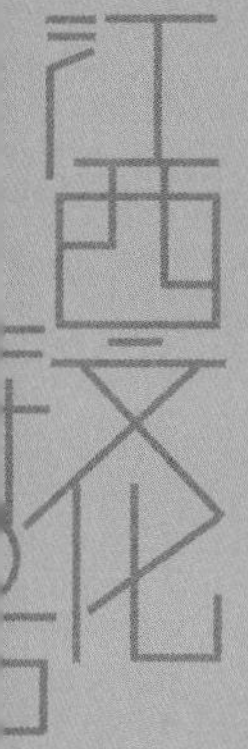

第五章 诗文兴盛

SHIWEN

XINGSHENG

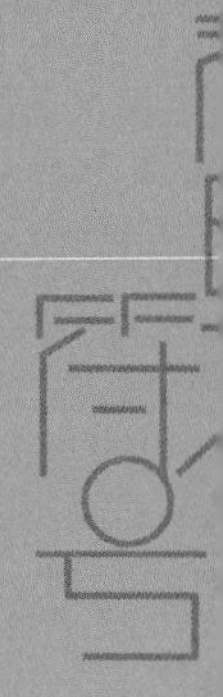

上饶为人文渊薮，诗词文学之盛，至今已达数百年，《广信府志》有云：“自永嘉东迁，衣冠避地，风气渐开。历唐而宋，文学之士间出。而南渡以后，遂为要区。人知敦本积学，日趋于盛。入明两百余年，艺文学术，蔚为东南望郡。”本章所记述的仅是典型代表，见于史书记载的还有宋代王钦若、曾几、洪迈、郑望之、刘韐、王洋、晁谦之、朱熹、赵蕃，以及明代的费宏、夏言、杨时乔、郑以伟、娄谅、夏尚朴等人。章节所限，故未能尽收。

一、上饶诗史上的唐代诗人

唐代的上饶诗人所载甚少，《全唐诗》只收录饶州的吉中孚、卢纶及唐末信州的王贞白。即使这三人，所存作品也不多，名气不大，历来宣传甚少，当地很读书人恐怕都不知道。

在中国诗歌史上，中唐大历时期曾有一个活跃的诗歌群体，称“大历十才子”。他们来自祖国各地，既无共同的组织，也无共同的宣言，但是他们有着共同的思想基础和审美趣味，遵循着共同的创作原则，又相互唱和，交往密切，是一个自然形成的流派。姚合《极玄集》说：“李端，字正己，赵郡人，大历五年进士。与卢纶、吉中孚、韩翃、钱起、司空曙、苗发、崔峒、耿沣、夏侯审唱和，号十才子。”因他们称名于唐大历间，故名之曰“大历十才子”。

十才子中，吉中孚、卢纶是鄱阳人，韩翃、钱起等人则到过信州，并有信州诗作传世。其实，中唐以后活跃在上饶的诗人还有上饶寓贤陆羽及其友孟郊、权德舆，以及在饶州、信州任官的颜真卿、刘太真、裴倩、薛元超等人。

僧皎然《诗式》论大历诗风有谓：“大历中词人，窃占青山、白云、春风、芳草等为己有。”的确，大历十才子等人的诗歌在内容上比较狭窄，大多秉承山水田园诗派的风格，寄情于山水，歌咏自然，作品虽然在气格上不及盛唐，但对前辈名家还是有所继承。他们在仕途失意和战乱宦旅生活中，也间有反映现实和体验人生的作品。他们都擅长五言近体，善写自然景物及乡情旅思等，语词优美，音律协和，但题材风格比较单调。

卢纶（生卒年不详），字允言，据傅璇琮先生考证，他是河中蒲州（今山西省永济市）人。天宝末举进士，遇乱不第，“奉亲避地于鄱阳，与郡人吉中孚为林泉之友”。（《旧唐书》卷一百六十三）卢纶的悲旧诗中亦有“因浮襄江流，远寄鄱阳城。鄱阳富学徒，诮我戆无营”之句。大历六年（771），经宰相元载举荐，授阌乡尉；后由王缙荐为集贤学士，秘书省校书郎，升监察御史。出为陕府户曹、河南密县令。元载、王缙获罪，遭牵连。德宗朝复为昭应令，又任河中浑瑊元帅府判官，官至检校户部郎中。有《卢户部诗集》。

卢纶一生诗名远播，堪称大历十才子之冠冕。然屡试不第，人生与仕途都极不顺利。而平生交往，不乏权贵大僚和著名诗人。靠权贵的推荐，才做了短时期的官，得以步入仕途。

卢纶有《送信州姚使君》诗，为送信州刺史姚骥赴任而作。

朱幡徐转候群官，猿鸟无声郡宇宽。
楚国上腴收赋重，汉家良牧得人难。
铜铅满穴山能富，鸿雁连群地亦寒。
几日政声闻户外，九江行旅得相欢。

首句说，您到信州做州牧，地位尊显，红色的旗幡随风飘扬，属下群官簇拥。下句说您任职之州并非荒漠之州，郡宇很宽广。颔联两句泛泛而说，你去的地方属吴头楚尾，历来称膏腴之地，但朝廷定的税率也很高；下句说到地方人才，如汉家天下，即使贤能的州官，欲得贤才也很困难。颈联承上而具体申说，信州各县矿产丰富，有铜铅满穴。《广信府志》对境内之铅山等地产铜、铅、金、银均有记载。下句鸿雁：喻指人才。地寒：指人的出身微贱，地位低下。两句说，信州铜铅等矿产丰富，靠这些山中资源就能致富；信州鸿雁连群，人才济济，但他们大多出身寒微，地位低下，意为要选拔上来，颇为不易。结联两句提出希望，什么时候您的政声传到州外，我在鄱湖九江也会为您高兴。

这首诗所送的信州刺史姚骥，是茶圣陆羽的好友。《广信府志·寓贤》载：陆羽“寓居信城北三里，自号东岗子。刺史姚骥钦慕其风，频就访焉”。《江西通志》引《明一统志》也有记载：陆羽宅“在府城西北，唐陆羽尝居此，号东岗子。刺史姚骥尝诣其所居，凿沼为溟渤之状，积石为嵩华之形”。姚骥频繁就访陆羽，应不只是喝茶论诗，还帮助陆羽建造了庭院，所谓“凿沼为溟渤之状，积石为嵩华之形”，是说帮助他开凿了池塘，还堆筑了假山。诗人孟郊在贞元元年（785）曾到上饶访陆羽，作《题陆鸿渐上饶新开山舍诗》，应是见证了陆羽新建的，或正在建造中的山舍。由此可知，姚骥对陆羽在上饶“环居种茶”是提供了帮助的。

唐代上饶的另一位诗人吉中孚，鄱阳人，他的生卒年均不详。据今人考证，他初为道士，大约在唐代宗大历初年还俗，征拜为校书郎，为25岁左右，故他大约生于公元740年。约卒于唐德宗贞元初年（798）。

吉中孚生活于唐代宗大历年间，为大历十才子之一，工诗歌，与卢纶、钱起等齐名。还俗后至长安，谒宰相，日与王侯高会，名动京师。未几，进士及第，授万年尉，除校书郎，又登宏辞科，为翰林学士。历谏议大夫，户部侍郎，判度支事。著有诗集一卷，《新唐书·艺文志》有著录。

大历间，元载官至极品，权倾天下。而吉中孚是宰相元载府上的嘉宾。李端在《送吉中孚拜官归楚州》中写道：“初戴莓苔帻，来过丞相宅。满堂归道师，众口称诗伯。”

在另一首诗中他又说："毛遂登门虽异赏，韩非入传滥齐名"；"年少奉亲皆愿达，敢将心事向玄成。"吉中孚受元载的举荐保奏，征拜为校书郎。与钱起、卢纶等诗文唱和。大历十年（775）或十一年（776），又登博学宏辞科（一说为书判提萃科）。大历十二年（777），元载以罪诛，因吉中孚与元载仅系道友诗文之交，并未参与其"侈僭无度，排斥忠良"之举，故未受株连坐累。

《旧唐书》卷一百九十下《吴通元传》谓吉中孚"贞元初，知制诰，与陆贽、韦执谊、吴通元等同视草"。但吉中孚"知制诰"是在贞元前，先于吴通元。《中国文学家大辞典》载吉中孚于"建中元年（780）为万年尉，迁司勋郎中、知制诰。贞元二年（786）以本官充翰林学士，六月改谏议大夫"。吉中孚与陆贽、韦执谊、吴通元都曾充翰林学士，贞元初四人同视草。据史书所载：陆贽长于制诰政论，"榷古扬今，雄文藻思"。韦执谊亦富词藻，而吴通元以文思敏睿为德宗所重，"凡中旨撰述，非通元之笔，无不慊然"。吉中孚既与陆贽等同为宫中证书诏诰起草之官，足见其不仅以诗歌闻名，而且也是文章高手，是皇帝身边撰写诏书代拟圣旨的专职官员。

吉中孚诗文之外，亦善理财。"贞元二年（786）迁户部侍郎，判度支两税"，即掌管国家的财政收支与夏、秋两税事务，为中书舍人。不久，卒于京都。

《吉中孚诗》仅一卷，已散失。仅存诗一首，兹录于下：

送归中丞使新罗册立吊祭

官称汉独坐，身是鲁诸生。绝域通王制，穷天向水程。
岛中分万象，日处转双旌。气积鱼龙窟，涛翻水浪声。
路长经岁去，海尽向山行。复道殊方礼，人瞻汉使荣。

此诗作于大历三年（768）。二年，新罗王宪英卒，国人立其子乾运为王。派遣其大臣金隐居奉表来朝，贡方物，请加册命。三年，代宗遣仓部郎中兼御史中丞归崇敬持节赍册书前往吊祭。以乾运为开府仪同三司、新罗王。此诗即为吉中孚送归中丞出使之作。

中唐时代，新罗（今韩国）尚为属国，须得唐皇封诰，故遣使来朝，请加册命。故诗之前四句言，归中丞是唐王朝的代表，代表中国形象，出使遐方绝域，宣读皇命，踏上航海之路。中四句设想半岛境况并途程险阻。后四句预祝旅途顺利、尊重新罗礼俗并将受到隆重接待。

文学史历来评论“大历十才子”的诗风为华美典雅，轻酬浅唱。吉中孚的这首律诗，不仅格律规整，字句精工，而且寄情山水，咏颂了汉家的王化，也反映出唐代中国与新罗的友好往来。

卢纶在《悲旧诗》中称吉中孚“侍郎文章宗，杰出淮楚灵。掌赋若吹籁，司言如建瓴”，并非妄言。吉中孚仪表非凡，器宇轩昂，仙风道骨，被誉为“才子神骨清，虚疏眉眼明。貌应同卫玠，鬓且异潘生”。可见，在“大历十才子”中，他的地位也是很高的。

“大历十才子”中的韩翃，生卒年亦不详，河南南阳人，但他也来过上饶，并创作了五古《经月岩山》诗。《小序》言：“信州西三十里，山名仙人城，下有月岩山，其状秀拔，中有山门如满月之状。余因役过其下，聊赋是诗。”诗凡二十句，写作者因役官往来，从福建来信州，路经月岩山，描摹了其间优美的景色和攀跻其上的感受。他的诗笔法轻巧，写景别致，兴致繁富，一篇一咏。朝野珍之。

王贞白（875—958），字有道，号灵溪。信州永丰（今上饶广丰区）人。是唐末五代十国时著名诗人。唐乾宁二年（895）登进士，七年后（902）授职校书郎。在登第授职之间的七年中，他随军出塞抵御外敌，写下了许多边塞诗，有不少反映边塞生活，激励士气的佳作。征戍之情，深切动人。对军旅之劳、战争景象描写，气势豪迈、色彩浓烈、音调铿锵。后五年唐亡，遂隐居不仕，在永丰建“山斋”，传道授业，常与罗隐、方干、贯休等名士同游唱和，手编所作诗三百首及赋文等，为《灵溪集》，共七卷。

辛文房《唐才子传》称王贞白“学历精赡，笃志于诗，清润典雅，呼吸间两获科甲，自致于青云之上，文介可知矣”。他的诗文对江西文坛产生过一定的影响。王贞白生活于唐末，社会的污浊与腐败，在他很多首诗中都有鲜明的反映，如“时官苟贪浊，田舍生忧煎”。（《田舍曲》）他赞赏严子陵“下视汉公卿”（《题严陵钓台》）、“高卧不示荣”（《钓台》）

的风格，也批评了严子陵置国家安危而不顾的消极态度：“垂钓月初上，放歌风正轻。应怜渭滨叟，匡国正论兵。”（《题严陵钓台》）王贞白深感自己无力挽救日益衰败的大唐社稷，只能弃官归隐，但他始终摆脱不了面对国家危亡的情感体验。“前年帝里探春时，寺寺名花我尽知。今日长安已灰烬，忍随南国对芳枝。”（《看天王院牡丹》）这种亡国之痛深深地伤及诗人的心灵。“恶闻亡越事，洗耳大江滨。”（《泛镜湖》）退隐实际上是他的一种无奈的选择。

据传，《灵溪集》收王贞白自选的诗文 300 余篇，惜因年久散逸，《全唐诗》中仅存诗一卷计 73 首（包括“补遗”），后人据史籍增补 12 首及散句若干，此外广丰县《三求王氏宗谱》另载散逸之作十余首，共计近百首传世。

王贞白最为后人传诵的诗是《白鹿洞》：

读书不觉已春深，一寸光阴一寸金。
不是道人来引笑，周情孔思正追寻。

这首诗通俗易懂，成为后世惜时最通俗的名言。

对王贞白在诗史上的地位，与之同时代的王定保（870—954）在《唐摭言》有论曰：“然如王贞白、张蠙诗……皆臻前辈阃阈者也。”即谓达到前辈诗人的水平。五代人孟宾在《碧云集序》中则称“王郑”，把王贞白与同时期的著名诗人郑谷并称，都是较为中肯之论。

二、上饶诗坛领袖韩元吉

韩元吉（1118—1187），南宋诗人。字无咎，号南涧。开封雍邱（今河南开封市）人，宋室南渡后，寓居信州上饶（今信州区）。绍兴二十三年（1153），韩元吉应知信州黄仁荣之聘，到信州幕府供职。绍兴二十八年（1158）曾为建安县令。隆兴间，官至吏部尚书。乾道九年（1173）为礼部尚书出使金国。淳熙初，曾二次出守婺州，一次出守建宁。封颍川郡公，后归老于信州南涧，自号南涧翁。平生交游甚广，与陆游、朱熹、辛弃疾、陈亮等当代名流和爱国志士相善，多有诗词唱和。著有《南涧甲乙稿》《南涧诗余》。存诗10卷、词80余首。

南迁与仕进

韩元吉号南涧，因他所居在信江水南，山间有小溪曰

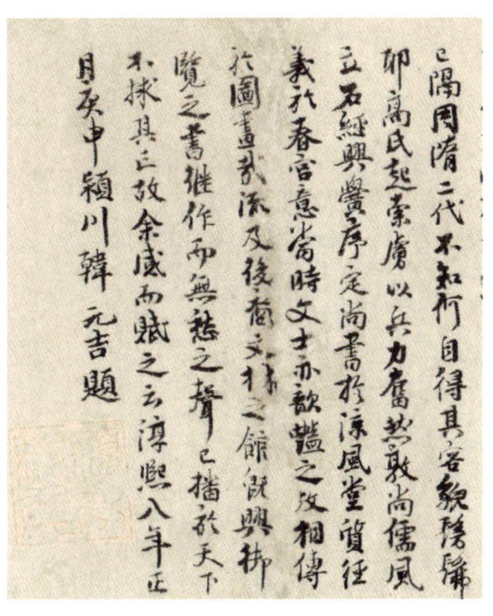

韩元吉书法

“南涧”。这里山清水秀，风景秀丽，林荫静雅，泉瀑清流。徜徉其间，怡然心醉。开封韩氏乃世家大族。北宋时，河南有相州韩氏、颍川韩氏两支并盛。颍川韩氏在京师门第前多植桐木，故世称“桐木韩氏”。韩元吉即属桐木韩氏。韩元吉的五世祖韩亿在宋仁宗朝官至参知政事。韩亿有八子，第五子韩维即元吉的四世祖。韩元吉是尹焞的学生。尹焞与杨时等人师事河南程颐。程颐逝世后，尹焞在洛中聚徒讲学。而杨时则把道学带到江南。靖康二年（1127），宋朝廷闻知尹焞名声，曾召入京师，焞不肯留，宋廷称他为“和靖处士”。韩元吉继承了尹焞的学风，弘实笃行。他是程颐的二传弟子。

韩元吉十岁时遭逢战乱，宋高宗建炎元年（1127），金人攻陷两京，中原大乱，宋室南迁，韩氏一门避地江南，而元吉一家则迁至福建邵武。至元吉 27 岁时，再迁至福建建安（今建瓯）。绍兴两次应试不第，但因先祖的关系，遂以门荫顶吏部之选。荫补享受的是前辈恩宠，而非自己的能力，一般情况下，声誉自不如进士及第，唯独韩元吉反映不同。他“以文章进”的声誉反比“由科第进”更显得荣光。这也说明，刚过而立之年的韩元吉，在当时就已有很高的文名。

从任职到隐居

绍兴十九年（1149），韩元吉赴处州龙泉县任主簿。大约在绍兴二十一年(1151)秋冬，他离任龙泉，返临安候调，寓于湖州德清慈相寺，在这里得识吕祖谦。

绍兴二十三年（1153）秋，韩元吉应信州刺史黄仁荣之聘，到信州幕府供职。四年后，黄仁荣移江东转运判官。嗣任者周葵三月到任。周葵是当时著名的经学家，韩元吉继续做他的幕府。但当年年底，周葵便被罢官，元吉也随之解除了幕职。

做信州幕府的四年，是韩元吉认识信州、爱上信州，并决定定居信州的重要原因。四年中，他对信州的山水、风土、人情都有全面而深入的了解，信州四年是他南迁人生中的第一站。因为有这第一站，他晚年从政坛上退休以后，才毫不犹豫地选择定居上饶。

绍兴二十八年(1158),韩元吉知福建建安县,颇有政声。

绍兴二十九年（1159）秋八月，与朱熹等四人召赴行在。绍兴三十一年（1161）八月，在临安任司农寺主簿。孝宗隆兴元年（1163）正月，朝廷以张浚为枢密使，都督江淮东西路军马，十二月，汤思退与张浚并相。入朝觐见孝宗时，屡奏恢复之事，欲先取山东。当时显臣名士如王大宝、胡佺、王士朋、汪应辰、陈良翰等皆是张浚的门人，大家众口一词，齐声同赞，而韩元吉却对此有不同看法。他把想法以长书投呈张浚，言和、战、守三事，书中详细分析了当下形势，敌我兵力、战将谋略等因素，最后提出“和为疑之之策，以守为自强之计，以战为后日之图”。韩元吉思想行为上是一贯的主战派，但他不是情绪派，而是理智派，能清楚地分析和观察客观形势，后来，张浚贸然进攻，果然因准备不足而失败了。这封长书证明了韩元吉对当时形势的判断与分析是正确的。

隆兴二年（1164）闰十一月，韩元吉因赴镇江看望母亲，与陆游再次相逢。遂相携遍游镇江名胜。他们举酒相属，更相唱和，乾道元年（1165）正月以后，韩元吉以考功郎征，任江东转运使。乾道四年（1168）以朝散郎入守大理少卿，但于五月二十一日，旋知福建建宁，在建宁任上待了一个月，又改知江州。乾道五年（1169），母亲在宣城去世，元吉乃往奔丧，丁忧居上饶。

韩元吉定居上饶，各书均无明确记载。但根据这期间的交往，有学者推想，可能在乾道二年（1166）他任江东转运使的时候。但韩元吉既于绍兴间在信州幕府工作四年，已有旧居，虽有外任，而南宋曾规定，官员任上，是不带家属的，所以他的上饶之家应当保存。丁忧期间，他回到上饶居住，三年中他潜心学问，与上饶湖潭学者王时敏多有交往，并将理学大师尹焞的《论语解》交建宁赵德庄印刻，而作《书尹和靖论语后》跋文。

乾道六年（1170）七月，朱熹因母亲丧葬所需，致书韩元吉借钱。元吉回复说："贷金荷不外，某穷悴，止江东有少俸，连遣二女子，且置得数亩饭米，去岁了两处葬事，今年从假借矣。他时稍有余，尚当相助。"信中所言"连遣二女子""了两处葬事"，是指韩元吉的两个女儿先后去世。据《吕成公年谱》载，绍兴二十七年（1157）十二月，吕祖谦亲迎元吉长女成婚，婚后生有一子，孰料母子相继历"五年而夭"。乾道五年（1169）五月二十日，吕祖谦再娶韩元吉第三女五十一娘为继，生一女。所不幸者，其妻"越二年又夭，寿二十有七，改月而葬，与长姊同域异穴"。所生女亦夭。这是吕祖谦的不幸，更是韩元吉的终身之痛。当长女去世的时候，韩元吉亲为作墓志铭，及至祖谦去世（淳熙八年，公元1181年），元吉老泪纵横，作挽诗云："青云途路本青毡，圣愿相期四十年。台阁知嗟君卧疾，山林空叹我华巅。伤心二女同新穴，拭目诸生续旧编。斗酒无因相沃酹，朔风东望涕潸然。"

乾道七年（1171），丁忧除服，元吉回临安复官。乾道八年（1172），任吏部侍郎。这一年，朝廷派元吉出使金国，贺万春节。途中他利用这次难得返回中原的机会，暗暗观察敌情，凡到一驿，无论是喝茶还是洗手，哪怕是只遇到妇女儿童，也往往主动挑起话题，从中获得更多的信息。回朝以后，他奏言曰："敌之强盛五十年矣，人心不附，必不能久。宜合谋定算，养威蓄力，以俟可乘之衅，不必规小利以触其机……"孝宗看了奏章，深以为然。

在韩元吉出使金国时，写了一首著名的使金词《好事近·汴京赐宴闻教坊乐有感》词，唐圭璋先生《唐宋词简释》有评曰："此首在汴京作。公使金贺万春节，金人汴京赐宴，遂感赋此词。起言地，继言人；地是旧地，人是旧人，故一听管弦，即怀想当年，凄动于中。下片，不言人之悲哀，但以杏花生愁，御沟呜咽，反衬人之悲哀。用笔空灵，意亦沉痛。"

乾道九年（1173），韩元吉除吏部尚书。淳熙元年（1174）二月因遭劾以待制出知婺州。同年十二月三日，又改知福建建宁府。这使韩元吉与朱熹有更多的见面机会。这期间，他与朱熹讨论了《祭仪》《吕氏乡约》等学术问题。淳熙二年（1175）重阳节，他赠酒并寄诗与朱熹，至淳熙三年（1176）二月，元吉调离建宁，入都复为吏部尚书，途经崇安再会朱熹，两人相谈甚欢。

淳熙五年（1178），元吉力请外任，离开朝廷，乃以龙图阁学士身份，再知婺州。这一年他60周岁。按此前他自我规定，不到 60 岁，不著书，故此前并无著作。至此才有《系辞解》问世。两年后，便致仕归家，开始了晚年在上饶的闲居生活。

闲居上饶

韩元吉在上饶的闲居生活也是丰富多彩的。有一群相知交好的朋友活动在周围，经常有机会聚会，喝酒谈诗，登高揽胜。他一生交往的人物数百，其中重要者有四。吕祖谦是他的女婿，经常往来于金华与上饶，可惜就在韩元吉退归上饶的第二年去世了。陆游是他交往时间最长的朋友。朱熹是他学术上的诤友，而辛弃疾则是他退居上饶时来往最密切的朋友。淳熙八年（1181），辛弃疾因受弹劾，官职被罢，而他的带湖新居正好落成，辛弃疾回到上饶，开始了他中年以后的闲居生活。对辛弃疾而言，韩元吉是政坛和文坛的老前辈，事实上，韩元吉是当时上饶文坛的盟主，辛弃疾对韩元吉非常尊重。在《稼轩词》中，就有 5 首给韩元吉祝寿之词，又有 5 首与韩元吉唱和之词，足见两人交往情深。就在辛弃疾来归的第二年，就作《太常引·寿韩南涧尚书》，为韩元吉祝寿。而最有名的一首是《水龙吟·甲辰岁寿南涧尚书》词云：

渡江天马南来，几人真是经纶手？长安父老，新亭风景，可怜依旧。夷甫诸人，神州沉陆，几曾回首！算平戎万里，功名本是，真儒事，公知否。

况有文章山斗。对桐阴、满庭清昼。当年堕地，而今试看，风云奔走。绿野风烟，平泉草木，东山歌酒。待他年，整顿乾坤事了，为先生寿。

词上阕发问领起，劈空而来，问南渡以来，朝廷中谁是整顿乾坤的能手？继而指责朝廷中一些大臣清谈误国，以致偏安一隅，朝政腐败。说到自己平定金兵，戎马倥偬，征战万里。把金人赶走，建功立业，报效祖国，留名青史，这才是读书人的事业。韩先生您应该明白这点。下阕赞美韩氏文章，人视为泰山北斗，家世尊贵显赫，你生来就志在四方。虽然辞官在家，寄情绿野堂之景，平泉庄的草木，纵情于东山之歌舞诗酒，但志趣未忘，壮志未减。有朝一日，你出山重整社稷，收复中原，完成统一大业，我再来为你举杯祝寿。

此后，韩元吉亦为辛弃疾作《水龙吟》词云：

南风五月江波，使君莫袖平戎手，燕然未勒，渡泸声在，宸衷怀旧。卧占湖山、楼横百尺，诗成千首。正菖蒲叶老，芙蕖香嫩，高门瑞、人知否？

凉夜光躔牛斗，梦初回、长庚如昼。明年看取，锋旗南下，六骡西走。功画凌烟，万钉宝带，百壶清酒。便留公剩馥，蟠桃分我，作归来寿。

此词上阕勉励辛弃疾，不要因为挫折而消磨壮志，也写到归来的气度，投闲带湖的生活。下片对辛弃疾寄予殷切期望，希望他等待时机，建立功业，图画凌烟，待凯旋之日，再为祝寿。

韩元吉住在上饶城南，筑苍筤亭；而辛弃疾的带湖庄园则在上饶城北，中有雪楼。冬天，韩元吉从城南载酒去带湖与辛弃疾一道在雪楼观雪，故辛弃疾有《念奴娇·和韩南涧载酒见过雪楼观雪》一词，上阕有云："兔园旧赏，怅遗踪、飞鸟千山都绝。缟带银杯江上路，惟有南枝香别。万事新奇，青山一夜，对我头先白。倚岩千树，玉龙飞上琼阙……"词中"缟带银杯江上路"是写雪中的信江；"青山一夜，对我头先白"应指带湖附近的篆冈和吉阳山。

辛弃疾有《水调歌头·庆韩南涧尚书七十》一词，韩元吉生于宋徽宗重和元年（1118），至淳熙十四年（1187）虚龄 70。韩元吉在这次 70 寿辰之后不久即下世，这首词因此成为韩元吉收到的最后的祝福。

淳熙九年（1182），朱熹从临安归福建，途经上饶，就住在韩元吉家。第二天，韩元吉约了当地的诗人徐衡仲一道陪朱熹游南岩一滴泉，辛弃疾知道后亦赶来相会，这便是上饶文化史上有名的南岩之会，关于南岩之会的具体情形，元吉之子韩淲《涧泉集》中《访南岩一滴泉》有真切的追忆。

在上饶，韩元吉与朱熹一直保持着密切的联系，淳熙十年（1183），朱熹率门人在武夷山下建武夷精舍，初成之际，请韩元吉作《武夷精舍记》。第二年二月，朱熹写作了《武夷棹歌》10首，韩元吉第一个写了和诗。可惜《南涧甲乙稿》仅存一首。陈文蔚是朱子的上饶弟子，曾记载朱子读韩南涧诗集事："先生每得未见书必穷日夜读之……一日得韩南涧集，一夜与文蔚同看，倦时令文蔚读，听至五更尽卷，曰：一生做诗只有许多。"从他一夜与弟子同看诗集，看得实在疲倦而又叫弟子读给他听，仅此一点，足见他对韩诗着迷之深。朱子于诗，崇尚汉魏，且将学道看得比作诗更高。他最后的一句评语似乎表现出对韩元吉的惋惜，仅仅是一个诗人，而终究未能成就道学。朱熹还对韩元吉诗进行过评论，说"无咎诗做著者尽和平，有中原之旧，无南方啁晰之音"。从文学史角度看，元吉的诗词应该在文学史上占一席之地的，可惜数百年来研究者甚少，学界重视不够。

淳熙十四年（1187），韩元吉去世，陆游在《祭韩无咎尚书文》中评价他的诗文是"落笔天成，不事雕镌。如先秦书，气充力全"，这是对韩元吉作品最恰当的评价。陆游集中有许多记梦诗，其中也梦到韩元吉，特别动情。

南宋黄昇尝称韩元吉"文献、政事、文学为一代冠冕"。(《中兴以来绝妙词选》)方回在《瀛奎律髓》中说韩元吉"当是时，巨儒文士盛称无咎与茶山"，便指韩元吉与曾几。

方回还认为，在江西诗派流行的当日，韩元吉诗不落流行，自成一家，实为难得。韩元吉的诗文后来不传，到清代《四库全书》编者才从《永乐大典》中辑录到 22 卷，即今存于《四库全书》中的《南涧甲乙稿》中立一补传。继方回之后，四库馆臣对韩元吉的评价是符合历史事实且最为重要的。《四库全书总目提要》云："统观全集，诗体文格均有欧苏之遗，不在南宋诸人之下，而湮没不传，殆不可解。然沉晦数百年，忽出于世，炳然发翰墨之光，岂非精神光彩终有不可磨，诚者故灵物㧑诃，得以复显于今欤？"

三、辛弃疾瓢泉农耕与诗词创作

辛弃疾画像

辛弃疾有言“尝谓人生在勤，当以力田为先。……南方多末作以病农，而兼并之患兴，贫富斯不侔矣。故以稼名轩”。一个文韬武略堪当大任的大臣，无奈归耕乡野，自名其庐为“稼轩”，这是令人心酸的事。

从绍兴三十二年（1162）23 岁来归，他在南宋生活了 45 年。前 18 年居无定所，随任而居；后 27 年始定居信州之带湖及瓢泉，信州是辛弃疾的第二故乡。

淳熙五年（1178），辛弃疾在江西提点刑狱任上决定择居信州带湖，次年开始营建，至淳熙八年(1181)底新居落成，乃安家带湖。四年之后，他又卜地铅山之瓢泉，在这里开始了农耕生活。到庆元二年（1196），又举家迁瓢泉。至开禧三年(1207)辛弃疾逝世，安葬于离瓢泉不远的阳原山，这期间二十来年，是稼轩罢官归乡，真正躬耕写词的阶段。

择居信州与再迁瓢泉

辛弃疾择居信州的原因有三说：其一据洪迈《稼轩记》，辛弃疾择居上饶，是以“国家行在武林，广信最密迩畿辅。东舟西车，蜂午错出，势处便近，士大夫乐寄焉”之因。其二说信州是南迁的大族与朝廷赋闲的士大夫集聚之地，《稼轩记》言“环城中外，买者且数百”，戴表元说“广信为江闽二浙往来之交,异时中原贤士大夫南徙都侨居焉”。辛弃疾熟识的友人韩元吉等也居住在这里，辛作《新居上梁文》说：“‘百万买宅，千万买邻’人生孰若安居之乐？”辛弃疾是因朋友而选择信州的。其三说是钟情于信州的山水民风。朱熹《济南辛氏宗图旧序》中说：“稼轩辛公……大观山水，察风土之异，知土沃风淳，山水之胜，举无若西江信州者，遂爱而退居信之上饶。”这三说都有道理。但他们都没有考虑到，还有一个更为重要的理由，那就是稼轩词中所写的“只此地，是生涯”（《江城子·一川松竹任横斜》），罢官后连祠禄也被剥夺的他，要维持一个大家庭的吃穿用度，他不能不从经济原因做出重新选择。说此地“是生涯”，就是认定这里可务农耕田，好过日子。

辛弃疾家庭人口众多，经济负担是相当重的。要维持这个大家庭较好的生活水平，需要有较充裕的经济来源，因此他必须选择一个能够生活与生存的地方。他把家从繁华的府治迁往偏僻的山区瓢泉农家，是因为在这可以“购地置产”，进行粮食生产，解决生活所需。

构筑带湖与带湖的交游生活

带湖新居的构建始于淳熙六年（1179），时在湖南安抚使任上。

带湖新居具有一定规模，朱熹曾经“潜入去看，以为耳目所未曾睹”。有关带湖稼轩的规模与奢侈程度，因城市变迁，今已无从考察，但通过洪迈的《稼轩记》与稼轩词中的描述，亦可见其大概。

辛弃疾的带湖新居是居养生活的地方，虽较奢侈，但土地面积并不大。整个宅院面积在160亩上下。《稼轩记》云：“郡治之北可里所，故有旷土存，三面傅城，前枕澄湖如宝带，其纵千有二百三十尺，其衡八百有三十尺，截然砥平，可庐以居，而前乎相攸者皆莫识其处，天作地藏，择然后予。济南辛侯幼安最后至，一旦独得之。”带湖在信州城北，依城面水。面积按其纵横计算，一宋尺相当于30.72厘米，比今之一尺稍少，依记换算，带湖纵1230尺，应不足400米，横260米左右，其面积有160亩左右，这里还包含湖的面积在内。

辛弃疾在这里建了楼堂亭室。“既筑室百楹，度财占地什四……集山有楼，婆娑有堂，信步有亭，涤砚有渚”，有百间居室，还有道路、花园、各种景观建筑。还有一些水田，“乃荒左偏以立圃，稻田泱泱，居然衍十弓”。“弓”也是旧时用来计量长度的单位，一弓长五尺，约合 1.6 米，十弓约为 16 米，十弓之地不过半亩水田而已，是闲适时期象征性的躬耕之所，不是带湖的主要生活内容。

但辛弃疾却把新居命名为“稼轩”，是有他的思想的。他看到南方商业经济的发展对农业的冲击及由此带来的贫富悬殊，故以稼名轩，表明了自己的选择。所以，带湖居未久，便开始寻找重本务农的发展之地，他真正实践“力田为先”是经营瓢泉之时。带湖虽命名“稼轩”，其实能种植庄稼之处很少，更像是一个私家园林。宋史学家邓广铭先生认为，辛弃疾的带湖居地其实并不是田庄或庄园，“只是附有小园林的一个宅院”而已。这个见解是正确的。

按照图纸，辛弃疾对带湖园林做了精心构筑。集山楼是供自己及家人生活所用；婆娑堂是宴饮歌舞的场所；信步亭是散步中的休憩地；涤砚渚是书房旁小溪边洗涤笔砚的建筑。在《稼轩记》中还写道：“命田边立亭为植杖，若将真秉耒薅之为者。”把建在田边的亭子命名为“植杖”，似乎真的要手持耒薅，身自耕稼了。他的楼群中还有雪楼，有多首词载他与韩元吉、范廓之在此饮酒观雪弹琴唱和。还有溪堂，辛弃疾赋《蝶恋花·何物能令公怒喜》向韩元吉求作溪堂的记文。

辛弃疾闲居带湖，还有较丰富的交游，交游对象主要是文人官员，且官阶大多不低，有退居信州的朝廷官员、道路过往的官员以及信州任上的官员。这在稼轩词的题序上就可以看到一系列的往来应酬：如《满江红·送李正之提刑入蜀》《满江红·送汤朝美司谏自便归金坛》《念奴娇·和南涧载酒见过雪楼观雪》等等，这些词记载了辛弃疾在带湖交游宴饮，词中也大多充满壮怀激烈的勉励与自勉，以及报效国家与朝廷的忠心与豪气，却很少有躬耕生活的描述。

由此可知，辛弃疾的带湖生活基本上是官员隐居式的、消费型的。靠为官时的薪俸收入，他买了地，修筑了园林居所；他在这里经历了十年的赋闲时光（中间有一年起用，旋落职，得祠禄），其间迎来送往、宴饮歌舞，开销应亦不小。

经营瓢泉与瓢泉的农家生活

瓢泉本泉名，今为自然村名，位于界紫溪镇石塘镇与稼轩乡之西南，又是临安经信州入福建的驿道。水量充沛的石塘河与紫溪河在这里交汇，是一个在丘陵山区中难得的两河平原，水源充足、得天独厚，既可以引水灌溉，有利于水稻种植，也有水路交通之便，瓢泉所产的粮食经水路运输，很快就可到达铅山县治永平。

瓢泉依山靠水，从遗址看当年的格局，辛弃疾在这里建有稼轩公馆、稼轩公堂、秋水观、松菊堂、鹤鸣亭、花园垅、庄门等。

稼轩公馆在瓢泉之南约500米处，隔河相望。今有村名五堡洲，村中尚有稼轩公馆的遗迹，是三进九厅的格局，现存有旗杆石、大石础等，据说村前曾立有一根六面石柱，上面刻有“文官止轿、武官下马”及“不得鸣锣”的告示。据说当年五堡洲与瓢泉有木桥相连，这里是辛弃疾家族的居住地。

稼轩公堂在瓢泉北200米左右处。后为吴氏家族所居，建了吴氏宗祠，在祠堂内的石柱上，有一副楹联，上联为“立祠由古迹脉接花园问此地名称阁老”；下联是“发迹自建阳分支江右看他年派衍横林”。上联“阁老”是当地后人对稼轩官职的尊称，当地老人仍有称“吴氏宗祠”为“稼轩公堂”。

瓢泉之东百米处临水建有秋水观，石塘河紫溪河汇合后从观前流过，秋水观一部分即建在水面上，《六州歌头》词云“秋水堂前，曲沿明如镜，可烛须眉”可证。秋水观到稼轩公堂有长廊连接，从《鹧鸪天》“秋水长廊水石间，有谁来共听潺潺”亦可见。

瓢泉之南有瓜山高百米，上建停云堂，有词云：“停云高处，谁知老子，万事不关心眼。”（《临江仙·停云偶作》）又在松林中建松菊堂，取陶渊明诗意：“渊明最爱菊，三径也栽松。何人收拾，千载风味此山中。”（《水调歌头·赋松菊堂》）在瓢泉之西小溪边建鹤鸣亭，以备“饱饭闲游绕小溪”。（《鹤鸣亭绝句》）

在瓢泉西南后山垅处，人们称其花园垅，相传是辛弃疾田庄的后花园。

庄门在哪里？淳熙十五年（1188），陈亮自东阳来访，宋人赵溍在《养疴漫笔》中有载：陈亮“将至门，过小桥，三跃而马三却，同甫怒，拔剑挥马首，推马仆地，徒步而进。稼轩适倚楼望见之，大惊，遣人询之，则陈已及门，遂定交”。这小桥后被称为斩马桥。明嘉靖年间在原斩马桥位置上又建“斩马亭”。今斩马桥的位置在瓢泉之北约200米，古赣闽驿道边。从“将至门，过小桥”可知，庄门应当就在斩马桥之前。

可以看出，瓢泉的建筑并不像带湖园林那样集中，而是散落在近两平方公里左右的山水田园中。必须指出，瓢泉的营建达十数年，开始只是简易的茅屋，《沁园春·再到期思卜筑》有云“喜草堂经岁，重来杜老；斜川好景，不负渊明”，之后随着经济条件的改善，经过长时间的修建，才慢慢形成规模。将辛弃疾带湖与瓢泉的建筑比较，可以看出两者的不同：辛弃疾在带湖一开始就有规制图，在短时间里一气呵成；而瓢泉先搭建茅屋，后逐渐建设。

辛弃疾不仅有庄园，还有很多耕地，辛弃疾在词中写到“水纵横，山远近，拄杖占千顷”（《祝英台近·与客饮瓢泉》），如果“千顷”之数属实，那应当包括了紫溪、石塘、八都（今称稼轩乡）三乡的土地。一顷为15亩，千顷为15000亩，这大大超过瓢泉的总面积。据考察，瓢泉的土地面积在700亩之上。据邓广铭、漆侠先生研究：宋代“中等地主大约占地百五十亩到三四百亩之间”，辛弃疾的挚友陈亮在永康的田地也仅240亩，而家族也有人丁二三十口，但他终生未为官，仅承先祖遗产而未有发展。以稼轩身份看，多年贵为安抚使，是中央派驻的官员，短时间拥有万亩土地恐不可能，1000亩以上土地倒是可能的，并不为多。

他与村中的佃户农民保持了亲密友好的关系。前冈周氏因“不就禄仕，积书教子，数世同居”而受到朝廷的旌表，他作两词纪其盛，还题长诗于周氏敬荣堂，表示祝贺与赞赏。当铅山申世宁在未冠之年，家遭盗匪窃略，挺身代父而死，辛弃疾为作《赠申孝子世宁》诗，褒奖其孝行。同时辛弃疾与周围的农民交往频繁，并饶有情趣地参与了当地的民俗活动。他参与了农民的社日活动，喝白酒、分社肉。参与乡间宴饮，作词庆农人寿诞。从这些词看出，辛弃疾已不是高官热吏，而以一个农民的身份，融入了乡村社会。而这些在带湖词中是极少见到的。

四、姜夔和他的词作

姜夔画像

姜夔（约1155—1221），字尧章，号白石道人，饶州鄱阳人，后因寓居吴兴之武原，与白石洞天为邻，爱其胜景，乃自号白石道人。

凄凉身世

白石之父姜噩，是绍兴三十年（1160）的进士，曾任官新喻丞，复知汉阳县。白石自幼年跟从父亲宦游读书，往来于沔鄂二十余年。14岁时，父死于汉阳任所，他转依汉川的胞姊生活。22岁后开始漫游，辗转于湘、鄂、赣、皖、江、浙一带，饱览江南山水，视野大开。淳熙十三年（1186），他在湖南认识父辈著名诗人萧德藻，萧对姜夔的诗词深为赏识，把兄弟的女儿许配给他为妻，于是乃寓居湖州，讲习诗律章法。淳熙十四年（1187），经妇翁介绍，姜夔在杭州谒见了当时诗界领袖之一的杨万里，杨万里称赞他“于文无所不工，甚似陆天随”。

绍熙二年（1191），因杨万里的引荐，他结识了范成大，范成大与尤袤、杨万里、陆游是后人称为南宋诗坛“四大家”的著名诗人，范成大十分喜爱姜夔的品格和才识，说他“翰墨人品皆似晋、宋之雅士”，说他的诗为“裁云缝月之妙手，敲金戛玉之奇声”。

与姜夔相居最久而交情甚笃的是南宋大将张浚的孙子张鉴。据《词林纪事》引《齐东野语》云：“尧章与平父（鉴字）交契最深，今摘录其自述一书云：张兄平父，其人甚贤，十年相处，情甚骨肉，而某亦竭诚尽力，忧乐关念。平父念某困踬场屋，至欲输资以拜爵，某辞谢不愿，又欲割锡山之膏腴，以养某山林无用之身。惜乎！平父下世，今惘惘然若有所失，人生百年有几，宾主如某与平父复有几，抚事感慨，不能为怀。”

姜夔曾多次参加进士考试，但都名落孙山。他一生游走于官宦之门，生活无着，称为豪门清客。他不接受张鉴的友情馈赠，而以一介布衣，与前辈诗人往来唱和，以文会友，可见他不同于一般的文人清客，以干谒博取功名富贵。庆元三年（1197），他作《大乐议》及《琵琶考古图》，上书圣上，希图补正庙乐；五年又上《圣宋铙歌》十二章，才得到“免解”的待遇。这是南宋末年的规定，举子如经过三次乡贡考试不中，可以直接到礼部应试，称为“免解”。可他到礼部与试进士，仍不及第。他从此绝意仕进，直至终老。

姜夔书法

姜夔的诗词

姜夔作诗初从江西派入手，他的诗集自序说：“三薰三沐，师黄庭坚，居数年，一语噤不敢吐，始悟学即病，顾不若无所学之为得，虽黄诗亦偃然高阁矣。”晚年写定诗集，自序心得说：“作诗求与古人合，不若求与古人异；求与古人异；不若不求与古人合而不能不合，不求与古人异而不能不异。”这话的意思，就是作者不要心中预存一种拟古学古的念头，也不要心中预存反古的念头，只是随自己的才性创作下去，不管是合古异古，那诗总是你自己的，有自己的个性与生命。南宋诗人反对江西诗派，总是上窥唐诗的，姜夔诗特别是绝句，很明显的是从江西派走向唐人的。在唐人中，他崇尚晚唐自号“天随子”的陆龟蒙，在《除夜自石湖归笤溪》

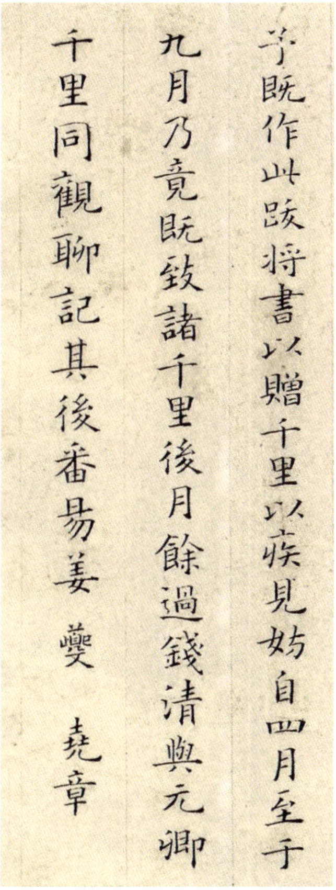

诗中说：“三生定是陆天随，又向吴松作归客。”《三高祠》又说：“沉思只羡天随子，蓑笠寒江过一生。”在《点绛唇·丁未冬过吴松作》词中，他要在“第四桥边，拟共天随往”，可见其向往之深。

晚唐的陆龟蒙诗，以前并未有人表章过，第一个激赏他的是杨万里，所以他拿龟蒙比姜夔，这与他要以唐诗修正江西派这一主张是有关系的，姜夔受此影响，此后一些诗，好像是有意学龟蒙。如《除夜自石湖归苕溪》10首，很像龟蒙的绝句诗。《湖上寓居杂咏》14首接近龟蒙的《自遣》诗三十绝。姜夔40多岁还考不上进士，一生漂泊江湖，龟蒙也终老布衣，自号“江湖散人”，二人身世遭际颇相似，其脱离现实的生活也很相似，加上杨万里的嘉奖及当时诗坛由江西派上窥唐诗的趋势，于是形成了姜夔的诗风：饶有缥缈风神而缺少现实内容。

姜夔词的内容多为纪游和咏物之作。也有抒写个人身世飘离及离别相思之情的，偶尔也有感慨国事的，数量较少。《扬州慢》是一首较有现实意义的作品，全词写金人几度南侵在江淮间留下的残破景象，引起他感念世乱、黍离之悲。这首词构思巧妙，对比强烈。《点绛唇·丁未冬过吴松作》是就眼前景物表达感时伤事之情的作品，情思深远，是“清空”的代表作。《暗香》《疏影》是咏物词代表作，借咏叹梅花感伤身世，抒发郁郁不平的情绪。

用健笔写柔情，是姜夔词最大的艺术成就。合江西派

姜夔公园

之黄、陈诗和晚唐温、韦词为一体。姜夔词不同于其诗，诗是从江西派上窥晚唐，词则是用江西派来匡救晚唐温、韦及北宋柳、周词风的。因为词从晚唐至周邦彦，再到白石时，大都软媚无力，绮丽婉弱，因此，他采取了以江西派诗风入词的方法，试观下面几词：

《杏花天影》：“金陵路，莺吟燕舞，算潮水知人最苦。满汀芳草不成归。日暮，更移舟向甚处？”

《长亭怨慢》：“阅人多矣，谁得似长亭树；树若有情时，不会得青青如此！”

上一词点染前人诗句，潮水句用刘禹锡金陵诗“潮打空城寂寞回”意，芳草句用辛词“天涯芳草无归路”意，日暮两句用崔颢《黄鹤楼》诗“日暮乡关何处是，烟波江上使人愁”意。下一首词见长亭树而生感，用《枯树赋》语：

“昔年种柳，依依汉南。今看摇落，凄怆江潭。树犹如此，人何以堪？”树若两句，翻“天若有情天亦老”意，措语亦俊。

姜夔词，既重音律，又崇格调，语言凝炼，想象无穷，余味不尽。

姜夔词的风格

黄昇《中兴以来绝妙词选》卷六：“白石道人，中兴诗家名流，词极精妙，不减清真乐府，其间高处，有美成所不能及。”

周济《宋四家词选序论》云：“白石脱胎稼轩，变雄健为清刚，变驰骤为疏宕，盖二公皆极热中，故气味吻合。辛宽姜窄，宽故容秽，窄故斗硬，白石小序甚可观，苦与词复。若序其缘起不犯词境，斯为两美矣。”

张炎《词源》说：“词要清空，不要质实；清空则古雅峭拔，质实则凝涩晦昧。姜白石词为野云孤飞，去留无迹……白石词为疏影、暗香、扬州慢、一萼红、琵琶仙、探春、八归、澹黄柳等曲，不惟清空，又且骚雅，读之使人神观飞越。”

五、谢枋得节义文章

谢枋得画像

谢枋得（1226—1289），字君直，号叠山，别号依斋，信州弋阳人，以江东提刑江西招谕使知信州。他一生充满了传奇色彩，蔑视权贵，嫉恶如仇。他爱国爱民，用生命和行动谱写了一首爱国的壮丽诗篇。他聪明过人，文章奇绝；学通“六经”，淹贯百家，带领义军在江东抗元，被俘不屈，在北京殉国。他是南宋末年著名的爱国诗人，诗文豪迈奇绝，自成一家。作品收录在《叠山集》。

谢枋得于宋理宗宝庆二年（1226）三月二十三日出生于信州弋阳县新政乡儒林里，其伯父谢征明在抗元战斗中战死沙场，其父谢应琇因忤权贵被冤屈而死，谢枋得从小由母亲桂氏教养。他自幼颖悟，《宋史列传》说谢枋得“为人豪爽，每观书，五行俱下，一览终身不忘。性好直言，每与人论古今治乱国家事，必掀髯抵几，跳跃自奋，以忠义自任”。史传还说他“天资严厉，雅负奇气，风岸孤峭，不能与世轩轾”，应当是位才子外加性情中人。

宋朝是民族危机深重的时代，特别是南宋末期，以理宗为首的南宋封建统治集团，荒淫腐朽，再加上宦官董宋臣和权臣贾似道祸国殃民，南宋的政治十分黑暗。

宝祐四年（1256），30岁的谢枋得与文天祥同科中进士。初任抚州司户参军，随即弃职而去。次年复试教官，中兼经科，担任建宁府教授，亦未到任。左丞相吴潜宣抚江南东、西两路，命他担任干办公事，团结民兵，以保护饶州、信州、抚州，划拨钱米以作为地方民兵的军粮。谢枋得说服地方邓、傅二姓所属二社各大家，组织了民兵一万多人，驻守信州，到兵退后，朝廷核实各项军费，所拨科降钱差一点不许报免。

景定五年（1264），谢枋得为建宁府学教授，时贾似道为左右丞相兼枢密使，以划江、岁币向蒙古军求和，加上蒙古大汗蒙哥刚死，内乱发生，忽必烈答应了条件，率蒙古军北撤。蒙古军刚撤，贾似道就开始行打算法，查核各地军饷，各地抗元大将多有获罪，谢枋得极为愤慨，也对时局失望至极，这年九月，江南东路漕司（宋朝转运司的简称，又称漕台）要在宣城和建康举行乡试，谢枋得因曾获建宁府教授的资格，由考生变成了考官，任建康府主考官，并由他出考题。他琢磨了几天，便以贾似道政事为题，考题竟然是“权奸误国，必忘赵氏”，在考生的对策试题中，共提出了十个问题要求作答，这就是著名的“江东十问”。其意直指贾似道“窃政柄，害忠良，误国毒民”。为此，漕使陆景思抓住了这件事，送上试卷文稿给贾似道，贾似道大怒，便以“居乡不法”“起兵时冒破科降钱”且“讪谤朝廷官员”的罪名，追夺谢枋得两官，谪居兴国军。至咸淳三年（1267）谢枋得得赦才被放回。许其回朝任职，但他没有回朝，而隐居弋阳家中，与朋友谈天说地，议论时政，或闭门讲学，向弟子宣传爱国思想。可惜，这种平静的日子，很快就被蒙古军的铁蹄所打破。以忠义自任的谢枋得坐不住了，马上在家乡组织民众，开始了他艰难困苦的勤王之路。

德祐元年（1275），降元宋将吕文焕引导元兵东下鄂、黄、蕲、安庆、九江等州，并召降沿江各地，凡其亲友、部曲所守之地，皆利诱下之，遂屯建康。枋得与吕师夔善，乃应诏上书，愿以一族担保，以吕师夔可以信赖，请朝廷分沿江诸屯兵，以吕师夔为镇抚使，使之行成，且愿亲至江州，见吕文焕与议，得到朝廷允许。使谢枋得以沿江察访使身份出行。却碰上文焕北归，不及见面而返。于是，朝廷任谢枋得以江东提刑江西招谕使知信州。

德祐二年（1276）正月，吕师夔已降元，与武万户分定江东诸地，枋得率兵迎战。两军交于安仁。吕使前锋呼曰："谢提刑过来！"吕军飞驰而至，箭射之，矢及于谢马之前。谢枋得退走入安仁城。调淮士张孝忠，迎战于团湖坪。宋军矢尽，孝忠挥双刀击杀元军百余人，前军稍却，后军绕出于孝忠之后，宋军惊溃，孝忠中流矢死，马奔归。枋得坐敌楼见之，曰："马归，孝忠败矣。"遂退兵信州。吕师夔攻下安仁，继续进攻信州。不久，信州城破。

谢枋得的挺身抗元，未能阻挡蒙古军队的铁骑。由于南宋最高统治集团畏战，左丞相留梦炎弃职逃跑，随后降元，兵部尚书吕师孟降元，其他不少封疆大臣和前线将领也纷纷倒戈投敌，致使大片国土沦丧。三月，元军占领南宋首都临安，并将宋恭宗、太后全氏、太皇太后谢氏俘往元朝上都，谢氏曾寄诏书命令南宋臣民降元，但谢枋得拒绝了。

五月，南宋景炎帝即位，谢枋得被任江东制置使。于是，他再次招集义兵，继续进行抗元斗争，但终因寡不敌众而失败。由于元军的追捕，他被迫隐姓埋名，逃亡福建，隐遁于建宁唐石山中。宋亡，流寓建阳，以卖卜教书度日，生活极其贫困。元朝建立，天下安定，他便在闽中居住下来。作为南宋的遗民，在流亡期间，谢枋得创作了大量的诗和文，反映人民的疾苦，痛斥南宋的昏暗和大臣们的卖国求荣，表达对复国还乡的强烈愿望，艺术成就极高。

元朝统一中国后，就开始拉拢汉族士大夫，由于谢枋得的文名和威望，元朝曾先后五次派人来诱降，但都被他用严词拒绝。

元至元十九年（1282），程文海荐宋遗士 30 人，谢枋得亦在其列。枋得方居母丧，于是，遗书拒绝。至元二十年（1283），行省丞相忙兀台以皇上圣旨召枋得，执其手相勉劳。枋得曰："上有尧舜，下有巢由，枋得名姓不祥，不敢赴诏。"丞相以其大义，也不勉强。至元二十五年（1288），福建行省参政管如德奉圣旨到江南求聘人才，尚书留梦炎以枋得荐。枋得遗书梦炎，再次拒绝。福建行省参政魏天祐见时方以广求人才为急，也想通过推荐枋得而建功，使其友赵孟溏来做说客。枋得骂。后见天祐，又傲岸不为礼。天祐怒，逼之北行。枋得以死自誓，四月朔至燕，问太后攒所及瀛国公所在，再拜，恸哭疾甚。留梦炎使医持药杂米饮进之，枋得怒，掷之于地。这年冬天，魏天祐奉元帝之命，强迫谢枋得北上大都。自离开嘉兴，即绝不饮食，二十余日不死，乃复少茹蔬果，积数月而困殆。四月初五（1289 年 4 月 25 日），谢枋得在大都悯忠寺（今北京法源寺），绝食五天，终于为国尽节，至死未降为元臣。

谢枋得是宋代著名的文学家，他的文学成就主要体现于三方面：一是散文，二是诗歌，三是选诗。

散文

谢枋得为文推尊欧阳修、苏轼，认为"欧苏起遐方僻壤，以古道自任，发为词华，经天纬地，天下学士皆知所宗"。他对宋末文风颇表不满，指出"七十年来，文体卑陋极矣"

（《与杨石溪书》），于是以振兴斯文自任。纪昀论曰：“枋得忠孝大节，炳著史册，却聘一书……而其他文章，亦博大昌明，具有法度，不愧有本之言。”

他的散文格调高奇，很有气势。他写了大量的书、序、记、启等方面的文章，“文词清丽，高迈奇绝，汪洋演迤，自成一家”。他所作文章，切中时弊，令人读之泣下。如《谒辛稼轩先生祠记》《上丞相留忠斋书》《上程雪楼御史书》《与参政魏容斋书》等都是文中上品，不可多得。《上丞相留忠斋书》写得慷慨愤激，义正词严；《送史县尹朝京序》则有见解有感情，于唐宋赠序文中，颇具特色。《宋辛稼轩先生墓记》记辛弃疾垂殁之语，以为其“精忠大义，不在张献忠、岳武穆下”，高度评价辛弃疾的爱国精神，也正反映了他自己的节操。《上程雪楼御史书》中写道：“某三十一而仕，五十一休官，平生实历，不满八月，俸禄无一毫归家养亲，己不可言孝矣……亲丧在浅土，贫不能礼葬，苫块余息，心死形存。”所谓悠悠寸草心，十分感人。在《与参政魏容斋书》中“宋室遗臣，只欠一死。上天降其才，其生也有日，其死也有时，某愿一死全节矣，所恨时未至耳”。更足以证明他决心为国殉难、视死如归的民族气节。

诗词

《叠山集》有诗一卷，词若干首。谢枋得诗伤时感旧，沉痛苍凉，诗风朴素端正，有时也饶有韵致。

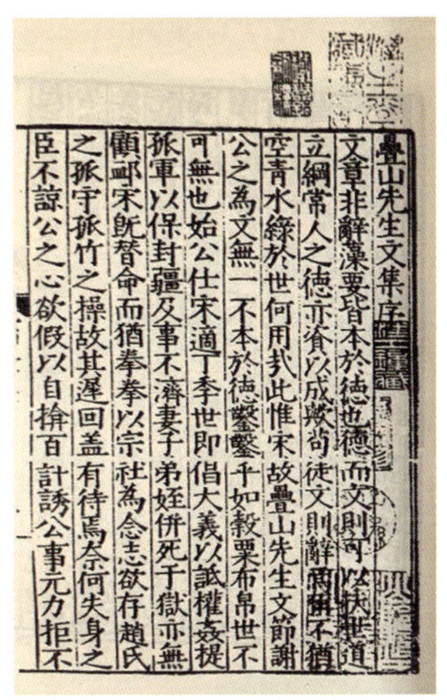

疊山先生文集序

文章非辭藻要皆本於德也德而文則可以扶世道立綱常人之德亦資以成歟苟徒文則辭[illegible]不猶空青水綠於世何用哉此惟宋故疊山先生文節謝公之為文無一不本於德鑿鑿乎如菽粟布帛世不可無也始公仕宋適丁季世即倡大義以詆權姦提孤軍以保封疆及事不濟妻子弟姪併死于獄亦無顧卹宋既替命而猶拳拳以宗社為念志欲存趙氏之孤守孤竹之操故其遲回蓋有待焉奈何失身之臣不諒公之心欲假以自揜百計誘公事元力拒不

《叠山先生文集》

如《武夷山中》写道：“十年无梦得还家，独立青峰野水涯。天地寂寥山雨歇，几生修得到梅花。”述其转徙山中的十年岁月，颇含隐痛。

《初到建宁赋诗一首》是他北上前的诀别诗，起句即以“雪中松柏愈青青”自喻，高风亮节，视死如归，亦感人至深。

谢枋得的诗大都是在民族存亡严重关头，同南宋奸臣、蒙古贵族统治者作斗争时所作，因而具有强烈的爱国主义精神。在《元旦阻雨》《春日闻杜鹃》《寄谢叔鲁》《思亲》等诗中，通过对故国的怀念与留恋，表达了他对复国还乡的强烈希望，抒发了一个爱国者光明磊落的胸怀。在《别二子及良友》一诗中，他又以雪中松柏自比，比喻自己永远独立不移的民族气节，表明他为坚持民族大义，敢于傲霜斗雪的铁骨松风。

他被迫北上告别亲友，作《魏参政执拘投北行有期死有日诗别妻子及良友》：“雪中松柏愈青青，扶植纲常在此行。天下久无龚胜洁，人间何独伯夷清。义高便觉生堪舍，礼重方知死甚轻。南八男儿终不屈，皇天上帝眼分明。”

南宋灭亡后，他孤单一人，卖卜为生，因而深知人民疾苦，写出了不少反映人民疾苦的诗篇。如《蚕妇吟》中就深刻地反映了劳动人民的辛苦，揭露了封建统治者的荒淫腐败。他描写道：

子规啼彻四更时，起视蚕稠怕叶稀。
不信楼头杨柳月，玉人歌舞未曾归。

天还没亮，蚕妇就起床查看，担心蚕多了，桑叶不够吃，而此时达官贵富们还在歌舞宴乐，多似“朱门酒肉臭，路有冻死骨”啊！

枋得的诗还擅用隐喻，有很强的艺术感染力。如《庆全庵桃花》。他借陶渊明描写的世外桃源其居民为避秦乱而隐居此地，来反映自己的处境。

寻得桃源好避秦，桃红又是一年春。
花飞莫遣随流水，怕有渔郎来问津。

谢枋得的一些小诗也写得隽永清新，情意盎然。

他的词作不多，而都寄意遥深。如《沁园春·寒食郓州道中》：

十五年来，逢寒食节，皆在天涯。叹雨濡露润，还思宰柏，风柔日媚，羞看飞花。麦饭纸钱，只鸡斗酒，几误林间噪喜鸦。天笑道，此不由乎我，也不由他。

鼎中炼熟丹砂。把紫府清都作一家。想前人鹤驭，常游绛阙，浮生蝉蜕，岂恋黄沙。帝命守坟，王令修墓，男子正当如是邪？又何必，待过家上冢，书锦荣华。

这首词作于被强迫赴大都途经郓州时。词中用了一系列比喻，抒写残酷现实条件下，自己无可奈何的心态。又如《风流子·骊山词》，借唐明皇、杨贵妃事，抒写国破家亡的历史遗恨。

六、继承稼轩风的词家蒋士铨

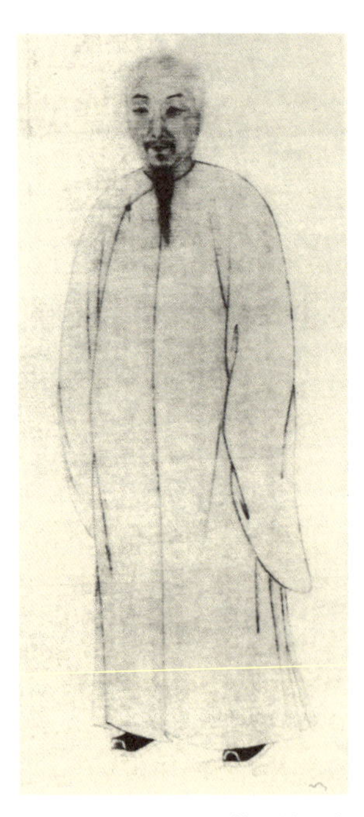
蒋士铨画像

清代是词学复兴的时代，陈廷焯《白雨斋词话》云：“词创于六朝，成于三唐，广于五代，盛于两宋，衰于元，亡于明，而复盛于我国朝也。……论词以两宋为宗，而断推国朝为极盛也。”诗盛于唐，词盛于宋；至清朝，则诗有中兴、词为极盛，这是近世以来很多学者都承认的事实。

词在清代的极盛，表现在流派众多，名家辈出。有云间词派、阳羡词派、浙西词派、常州词派等诸多词派；有陈维崧、朱彝尊、